交通版高等学校土木工程专业规划教材

Gonglu Qiaoliang Gongcheng Gaiyusuan

公路桥梁工程概预算

郭 健 主编

人民交通出版社股份有限公司
北京

内 容 提 要

本教材系统地介绍了公路桥梁工程概预算编制基础知识、公路桥梁工程概预算编制方法、公路桥梁工程招投标及造价控制、"纵横公路工程造价管理系统"软件介绍及操作入门等内容,引入路基工程、路面工程、桥涵工程、隧道工程相关算例,详细介绍了运用该软件进行定额计价和工程量清单计价的过程和具体方法。

本教材可作为普通高等院校土木工程、道路与桥梁工程等相关专业的本科教材使用,也可供相关工程技术人员参考。

图书在版编目(CIP)数据

公路桥梁工程概预算 / 郭健主编. — 北京:人民交通出版社股份有限公司,2020.9
ISBN 978-7-114-16809-3

Ⅰ.①公… Ⅱ.①郭… Ⅲ.①公路桥—桥梁工程—概算编制—高等学校—教材②公路桥—桥梁工程—预算编制—高等学校—教材 Ⅳ.①U448.145.1

中国版本图书馆 CIP 数据核字(2020)第 160247 号

交通版高等学校土木工程专业规划教材
书 名:公路桥梁工程概预算
著 作 者:郭 健
责任编辑:崔 建
责任校对:刘 芹
责任印制:刘高彤
出版发行:人民交通出版社股份有限公司
地   址:(100011)北京市朝阳区安定门外外馆斜街 3 号
网   址:http://www.ccpcl.com.cn
销售电话:(010)59757973
总 经 销:人民交通出版社股份有限公司发行部
经   销:各地新华书店
印   刷:北京虎彩文化传播有限公司
开   本:787×1092 1/16
印   张:12
字   数:304 千
版   次:2020 年 9 月 第 1 版
印   次:2024 年 1 月 第 1 版 第 2 次印刷
书   号:ISBN 978-7-114-16809-3
定   价:29.00 元

(有印刷、装订质量问题的图书由本公司负责调换)

前言

随着我国公路交通运输事业的快速发展，对公路桥梁工程人才的培养提出了更高的要求，特别是对懂技术、会经济、善管理的复合型人才的需求十分迫切。根据高等学校土木工程学科专业指导委员会编制的《高等学校土木工程本科指导性专业规范》要求，《公路桥梁工程概预算》是道路与桥梁工程专业的必修课程。本书编写严格按照专业规范要求，紧密围绕交通运输部发布的最新行业标准和规范，注重学生工程实践与应用能力的培养，内容丰富，图文并茂，系统性和实用性强。

本书根据《公路工程建设项目概算预算编制办法》(JTG 3830—2018)、《公路工程预算定额》(JTG/T 3832—2018)、《公路工程概算定额》(JTG/T 3831—2018)等，系统地介绍了公路桥梁工程概预算编制基础知识、公路桥梁工程概预算编制、公路桥梁工程招投标及造价控制、"纵横公路工程造价管理系统"软件介绍及操作入门，引入路基工程、路面工程、桥涵工程、隧道工程相关算例，详细介绍了运用"纵横公路工程造价管理系统"软件进行定额计价和工程量清单计价的操作过程和具体方法，有助于学生加深对公路桥梁工程计价规则的理解和学习纵横软件的工程应用方法。

本书共5章，每章都明确了基本要求、重难点，并附有"本章小结"，方便老师教学和学生学习，同时提供课后习题帮助学生巩固并灵活运用章节知识点。本书附有概预算相关表格，供老师和学生查阅。

全书由郭健主编，参加编写的人员还有博士生骆成、博士后李剑涛以及研究生钟陈杰、卢俊良、姜春云。此外，纵横计量软件公司陈帅配合编写了书中的软件使用部分。

由于作者水平有限，书中难免存在一些错漏和不当之处，敬请读者批评指正，以便进一步修正完善。

作 者
2020年8月

目录

第1章 公路桥梁工程概预算编制基础知识 ··· 1
1.1 概述 ··· 1
1.2 公路桥梁工程概预算定额 ··· 6
1.3 公路桥梁工程造价体系的形成及计价原则和依据 ··· 30
本章小结 ··· 36
课后习题 ··· 36

第2章 公路桥梁工程概预算编制 ··· 37
2.1 概述 ··· 37
2.2 建筑安装工程费 ··· 48
2.3 土地使用及拆迁补偿费 ··· 62
2.4 工程建设其他费用 ··· 64
2.5 预备费 ··· 70
2.6 建设期贷款利息 ··· 71
本章小结 ··· 72
课后习题 ··· 72

第3章 公路桥梁工程招投标及造价控制 ··· 73
3.1 公路桥梁工程招投标概述 ··· 73
3.2 招标控制价 ··· 91
3.3 投标报价 ··· 94
本章小结 ··· 101
课后习题 ··· 101

第4章 "纵横公路工程造价管理系统"软件介绍及操作入门 ··· 103
4.1 "纵横公路工程造价管理系统"软件介绍 ··· 103
4.2 "纵横公路工程造价管理系统"基础入门 ··· 109
本章小结 ··· 113
课后习题 ··· 113

第5章 "纵横公路工程造价管理系统"软件应用 ··· 114
5.1 "纵横公路工程造价管理系统"编制概(预)算操作流程 ··· 114

  5.2 "纵横公路工程造价管理系统"编制工程量清单操作流程 …………………… 130
  5.3 "纵横公路工程造价管理系统"应用实例 ……………………………………… 137
 本章小结 …………………………………………………………………………………… 153
 课后习题 …………………………………………………………………………………… 153
附录 …………………………………………………………………………………………… 157
 附录 A …………………………………………………………………………………… 157
 附录 B 全国部分省、自治区、直辖市冬季施工气温区划分表 …………………… 171
 附录 C 全国部分地区雨季施工雨量区及雨季期划分表 ……………………… 175
 附录 D 全国风沙地区公路施工区划分表 ……………………………………… 180
 附录 E …………………………………………………………………………………… 181
参考文献 …………………………………………………………………………………… 184

第 1 章 公路桥梁工程概预算编制基础知识

课 前 导 读

【基本要求】 了解公路桥梁工程建设的内容及特点;了解公路桥梁工程建设项目划分;熟悉公路桥梁工程基本建设程序;了解定额的定义,熟悉定额的分类、特点及作用;了解概预算定额的概念及作用;熟悉概预算定额的组成,掌握概预算定额的运用;掌握机械台班费用定额的运用;了解公路桥梁工程造价现状与总体变化趋势。

【本章重点】 定额的基本知识;概预算定额的相关知识;机械台班费用定额的相关知识。

【本章难点】 概预算定额的运用;机械台班费用定额的运用。

1.1 概 述

1.1.1 公路桥梁工程建设的内容及特点

现代化的综合交通运输方式主要有铁路运输、公路运输、水路运输、航空运输和管道运输。每种运输方式都有其各自的特点和优势,通过这些不同运输方式实现货物、旅客在不同区域位置间的移动,以满足人们各种生活需求。交通运输是国民经济良性循环的物质基础,合理发展各种运输方式,是实现国民经济迅速发展的关键。

现代综合交通发展迅猛,公路运输在整个交通运输中占有较大比重,公路运输的效率和服务水平直接影响国民经济发展。因此,当前发展高质量、高效率的公路运输成为迫切的需求。随着经济的快速发展,我国的公路建设,特别是高等级公路和桥梁的建设取得了长足的发展和进步。公路桥梁工程建设的高速发展,不仅改善了我国交通运输现状,而且极大促进了国民经济的发展,产生了巨大的社会效益和经济效益。

1)公路桥梁工程建设内容

公路桥梁工程建设内容按其任务与分工不同,可以分为以下三个方面。

(1)公路桥梁工程的小修与保养

小修、保养指的是对公路桥梁及附属设施经常进行维护保养和修补轻微损坏部分的作业。它通常是对公路桥梁在一年小修、保养定额经费内,根据气候特点,因地制宜,按月安排计划,经常进行的工作。

公路桥梁是属于长期暴露于自然环境中的裸露结构。公路桥梁在长期使用过程中,由于受到行车和自然因素的综合作用且不断循环,导致其原有各项能力会有一定程度的下降。在这种情况下,只有通过定期或不定期的维修保养,才能保证公路桥梁的正常使用,保持运输生产不间断地进行,使原有生产能力得以维持。所以,路桥工程的小修、保养是实现固定资产简单再生产的重要手段之一。

(2)公路桥梁工程的中修、大修与技术改建

中修工程是对公路桥梁及其工程设施的一般磨损和局部损坏进行修理加固,以恢复原状。如沥青(渣油)路面封层罩面,路基和人工构造物局部修补或个别构件更换,以及对路基局部裁弯取直、增改建涵洞、道班房等小型构造物。中修一般是公路桥梁经过使用,每隔几年进行一次的周期性修理工作。

大修工程是对公路桥梁及其工程设施的较大损坏进行全面综合治理大修理,以恢复原设计标准,以及在原设计标准内,局部改善和个别增建以提高通行能力。如路面经过使用,破坏严重,必须全面翻修或补强重铺,以及局部改善线形,加宽路基、路面,改建、增建中小桥梁及其他中型人工构造物等。大修,一般是对公路桥梁各部分定期进行全面的修理工作。

技术改建工程是对公路桥梁及其工程设施因不适应现有交通量和载重需要,分期逐段提高技术等级,或通过改善显著提高通行能力,以满足运输要求。如整段整线加宽、加高路基、改善线形,改建高级、次高级路面,改建大桥和其他大型人工构造物等。

(3)公路桥梁工程的基本建设

基本建设通过勘察、设计和施工,以及有关的经济活动来实现。其按项目性质可分为新建、扩建、改建和重建,其中,新建和改建是最主要的形式;按经济内容可分为生产性建设和非生产性建设;按项目规模可分为大型、中型和小型。大、中、小型项目是按项目建设总规模和总投资确定的。国家对建设项目的大、中、小型划分标准有明文规定。

基本建设活动的内容主要有以下三部分。

①建筑安装工程,主要有:

a.建筑工程,如路基、路面、桥梁、隧道、防护工程、沿线设施等。

b.设备安装工程,如高速道路桥梁、大型桥梁所需各种机械、设备、仪器的安装、测试等。

②设备、工具、器具的购置。

③其他基本建设工作,如勘察、设计及与之有关的调查和技术研究工作,征用土地、青苗补偿和安置补助工作等。

2)公路桥梁工程建设特点

公路桥梁工程建设的特点是由公路桥梁建筑产品的特点决定的。公路桥梁工程是呈线性分布的一种人工构造物,是通过勘察、设计和施工,消耗大量的人工、材料和机械而完成的建筑产品。公路桥梁建筑产品具有形体庞大、复杂多样、整体难分、不能移动等特点,公路桥梁建设具有流动性、单体性、生产周期长、易受气候影响和外界干扰等特点。因此,公路桥梁工程的施工不同于一般工业生产和其他土建工程的施工。

(1)公路桥梁建筑产品的特点

公路桥梁工程建筑产品具有以下特点:

①产品的固定性。公路桥梁工程建筑产品一般固定于某一地点而不能移动,只能在建造的地方直接生产,完工后供长期使用。

②产品部分结构的易损性。公路桥梁工程受自然因素及行车的影响,其暴露于大自然的部分及受行车直接作用的部分易损坏。

③产品的多样性。由于公路桥梁具体使用目的、技术等级、技术标准、自然条件、结构形式、主体功能等不同,故公路桥梁的组成部分、形体构造千差万别、复杂多样。

④产品的非商品性。公路桥梁工程具有极强的公益性质,属于公共设施。它虽然是物质产品,但一般不作为商品出售。因为公路桥梁工程虽然能满足他人需要,但不通过交换,所以不是商品。

⑤产品形体的庞大性。公路桥梁工程为线形构造物,其组成部分的形体一般都比较庞大,不仅占用较多土地,而且占据较大的空间。

(2) 公路桥梁工程建设特点

①生产流动性强。公路桥梁建设项目点多、面广、线长,工程数量的分布也不均匀,其构造物在建造过程中和建成后都是固定于一定的地点不能移动的。由于其产品的固定性和严格的施工顺序,公路桥梁工程的施工流动性很大,要求各类工作人员和各种机械围绕这一固定产品在同一工作面的不同时间或同一时间的不同工作面上进行施工活动。工程所需的人工、材料、机械设备必须合理调配。当某一公路桥梁工程竣工后,还要解决施工队伍向新的施工现场转移的问题。

②受自然因素影响大。公路桥梁工程是裸露于自然界中的构造物,除承受行车荷载的作用外,还要受各种自然因素的影响,如气候冷暖、地势高低、洪水、雨雪等。设计变更、地质情况、物资供应条件、环境因素等对工程进度、工程质量、成本等都有很大影响,且由于公路桥梁部分结构的易损性,需不断进行维修养护才能维持其正常的使用性能。

③劳动对象分散。公路桥梁工程建设点多线长,工程分布极为分散,因而需要采取与之相适应的工程管理方法。

④需要个别设计、分别组织施工。由于产品具有多样性,每项工程具有不同的功能、施工条件各不相同,因此每项工程不仅需要个别设计,还需要采用不同的施工方法,分别进行组织施工。

⑤生产协作性高。由于产品具有多样性,特别是公路桥梁工程生产施工环节很多,生产程序复杂,每项工程都需要建设单位、设计单位、施工单位,以及材料、动力、运输等各部门密切配合,通力协作。

⑥生产类型多,但以单件生产为主。这是由公路桥梁工程建筑产品的多样性所决定的。

⑦需要不断地养护和修理。这是由公路桥梁工程部分结构的易损性所决定的。不对公路桥梁工程进行养护、维修,就不能维持正常的运输生产。

⑧生产周期长。由于产品形体的庞大性,需耗用人工、材料比较多,生产周期长,故要在较长时间内占用大量的劳动力和资金。

⑨组成部分的系统性。公路桥梁工程是线形构造物,必须由路基、路面、桥涵工程等有机地组成功能系统,否则将不能连续、正常地发挥其运输功能。

⑩公路桥梁工程建设的先行性。公路桥梁工程建设在我国国民经济建设中处于"先行官"的地位。

公路桥梁工程的上述特点,决定了公路桥梁施工活动的特有规律。研究和遵循这些规律,对于科学组织与管理公路桥梁工程施工、提高公路桥梁建设的经济效益具有重要意义。

1.1.2 公路桥梁工程建设项目划分

建设工程一般可划分为建设项目、单项工程、单位工程三级。单位工程又由各个分部工程组成,分部工程又由各个分项工程组成。

(1)建设项目

建设项目又称基本建设项目,指具有一个设计任务书和总体设计,经济上实行独立核算,管理上具有独立组织形式的工程建设项目。一个建设项目往往由一个或几个单项工程组成,如运输方面的一条公路、一条铁路、一个港口等。

(2)单项工程

单项工程又称工程项目,是建设项目的组成部分。一个建设项目可以是一个单独工程,也可以包括许多单项工程。单项工程具有独立的设计文件,建成后可以独立发挥生产能力或效益,如某公路建设项目中的独立大、中桥梁工程,某隧道工程等。

(3)单位工程

单位工程是单项工程的组成部分,一般是指不能独立发挥生产能力,但具有独立的设计图纸和施工条件的工程,如隧道单项工程中的土建工程、照明和通风工程等,一条公路工程中的路线工程、桥涵工程等。

(4)分部工程

分部工程是单位工程的组成部分,一般是按单位工程的各个部位划分的,如基础工程,桥梁上、下部工程,路面工程,路基工程等。

(5)分项工程

分项工程是分部工程的组成部分,一般是按照工程的不同结构、不同材料和不同施工方法等因素划分的,如基础工程可划分为围堰、挖基、基础砌筑、回填等分项工程。分项工程的独立存在是没有意义的,它只是建筑改、安装工程的一个基本构成因素,是为确定建筑及设备安装工程造价而设定的一个中间过程。

建设项目划分及其关系如图 1-1 所示。

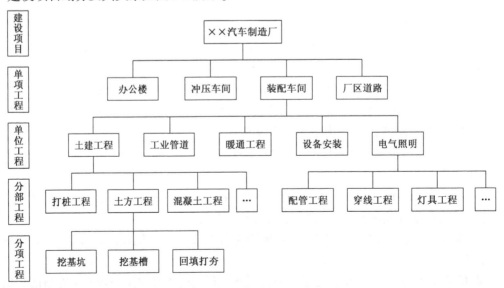

图 1-1 建设项目划分及其关系图

1.1.3 公路桥梁工程基本建设程序

基本建设程序是指基本建设项目从决策、立项到建成投产所经历的整个过程中各项工作开展的先后顺序,它反映工程建设的主要工作内容及各工作之间的内在联系。现阶段我国公路工程基本建设程序如图1-2所示。

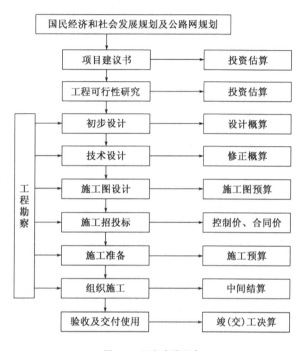

图1-2 基本建设程序

其中主要工作内容如下:

(1)项目建议书

根据国民经济和社会发展规划及公路网规划,提出项目建议书。项目建议书是进行各项准备工作的依据,建设项目提出包括对目标、要求、原料、资金来源等的说明,经审批通过的项目建议书是编制可行性研究的依据。

(2)工程可行性研究

工程可行性研究是根据国民经济和社会发展规划、公路网规划和项目建议书,通过踏勘和调查研究,提出项目的建设规模、技术标准并进行经济效益分析,以提高项目建设决策的科学性和经济合理性。经审批通过的可行性研究报告是进行工程设计的依据。

(3)工程勘察

工程勘察是运用各种科学技术方法,为查明工程项目建设地形、地貌、土质、岩性、地质构造、水文等自然条件而进行的测量、测试、观察、勘探、鉴定和综合评价等工作,其目的是为设计和施工提供可靠的地形、地质及水文等资料。

(4)工程设计

工程设计是对工程所需技术、经济、资源和环境等条件进行综合分析,编制设计图纸等设计文件的活动过程。公路桥梁工程一般采用两阶段设计,即初步设计和施工图设计。对于规模小且技术简单的小型项目,可采用一阶段设计,即施工图设计。对于缺乏经验的技术复杂项目,可采用三阶段设计,即初步设计、技术设计和施工图设计。

(5)施工招投标

施工招投标,包括招标与投标两部分内容,是建设市场的一种交易形式,它由招标人(或其委托代理机构)组织招标,吸引具备资格的投标人进行平等竞争,从中择优选择中标人的交易过程。公路桥梁工程属于关系社会公共利益、公众安全的大型基础设施项目,根据《中华人民共和国招标投标法》的规定,其项目的勘察、设计、施工、监理以及与工程建设有关的重要设备、材料等的采购,必须进行招标。

(6)施工准备

施工准备工作包括工程施工前所做的一切工作,它是组织施工的前提。具体包括技术、组织、资源、劳力和现场等方面的计划准备工作,要求结合项目技术、经济及所在社会自然环境的特点,开展细致认真的施工准备工作,以保证施工的顺利进行。

(7)组织施工

遵守法律法规,按计划、设计图纸、标准规范和合同文件等,科学组织开展各项工程施工任务。施工过程中应确保工程质量,安全施工,推广应用新工艺、新技术、新机械,合理控制施工进度和工程造价,同时注意保护环境。

(8)验收及交付使用

公路桥梁工程必须通过验收合格后,才能交付使用。公路桥梁工程验收分为交工验收和竣工验收两个阶段。

交工验收是检查施工合同的执行情况,评价工程质量是否符合技术标准及设计要求,是否可以移交下一阶段施工或是否满足通车要求,对各参建单位工作进行初步评价,由项目法人负责。

竣工验收是综合评价工程建设成果,对工程质量、参建单位和建设项目进行综合评价,由交通运输主管部门负责。

1.2 公路桥梁工程概预算定额

1.2.1 概 述

1)定额定义

定额是指在正常的生产(施工)技术和组织条件下为完成单位合格产品所规定的人力、机械、材料、资金等消耗量的标准。

定额是标准,是计划指标,是规定的工作消耗尺度,是计划、组织生产的工具和基础,也是企业技术水平和经营管理水平的集中反映。

2)定额分类

定额是一个综合概念,对应一系列定额指标。

(1)按生产要素分类

按定额反映的生产要素消耗内容,可将工程定额分为劳动消耗定额、机械台班消耗定额和材料消耗定额,如图1-3所示。

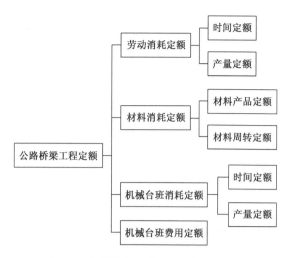

图 1-3　公路桥梁工程定额按生产要素分类

①劳动消耗定额,简称劳动定额,是指完成一定的单位合格产品规定消耗劳动的数量标准。劳动消耗定额的主要表现形式如下。

a. 时间定额:某种专业、某种技术等级工人班组或个人(某种机械),在合理的劳动组织、生产组织与合理使用材料及某种机械配合的条件下(或某种机械在一定的生产组织条件下),完成单位合格产品所必须消耗的工作时间。时间定额以工日或台班为单位。

b. 产量定额:在合理的劳动组织、生产组织与合理使用材料及某种机械配合的条件下,某种专业、某种技术等级工人班组或个人(某种机械)在单位工日(台班)所完成的合格产品数量。其与时间定额成反比。

②机械台班消耗定额,简称机械定额,是指完成一定的单位合格产品规定消耗机械台班的数量标准。机械台班消耗定额的主要表现形式是时间定额(如台班/m)和产量定额(如 m^3/台班)。

③材料消耗定额,简称材料定额,是指完成一定的单位合格产品规定消耗材料的数量标准。

材料是指工程建设中使用的原材料、成品、半成品、构配件、燃料以及水、电等动力资源的统称。材料作为劳动对象构成工程的实体,需用数量很大,种类繁多。材料定额一般以材料的实物计量单位来表示,如 kg、m、t 等。

(2)按用途分类

按定额的用途不同,可分为施工定额、预算定额、概算定额、估算指标,如图 1-4 所示。

①施工定额,是施工企业为组织生产和加强管理在企业内部使用的一种企业生产定额,是定额中分项最细、定额子目最多的一种定额,是工程建设中的基础性定额,是编制预算定额的基础。

②预算定额,以人工、材料、机械台班消耗量表现的工程预算定额,是编制施工图预算的依据,是编制概算定额的基础。

③概算定额,以人工、材料、机械台班消耗量表现的工程概算定额,是编制设计概算的依据,是编制估算指标的基础。

④估算指标,以人工、材料、机械台班消耗量表现的指标,是编制项目建议书和可行性研究报告投资估算的依据。

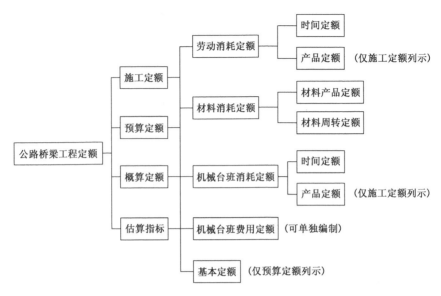

图 1-4　公路桥梁工程定额按用途分类

(3)按编制单位和使用范围分类

按定额编制单位和使用范围的不同,可分为全国统一定额、行业统一定额、地方统一定额、企业定额。

①全国统一定额,是由国家建设行政主管部门,综合全国工程建设中技术和施工组织管理的情况编制,并在全国范围内执行的定额。

②行业统一定额,是考虑到各行业部门专业工程技术特点,以及施工生产与管理水平编制的,一般只在本行业和相同专业性质的范围内使用的专业定额,如公路工程定额、铁路工程定额。

③地区统一定额,是省、自治区、直辖市定额。地区统一定额主要是考虑地区特点和全国统一定额水平,做适当调整和补充编制的。

④企业定额,是指施工企业基于本企业具体情况,参照国家、地区或部门定额水平制定的定额。企业定额只在企业内部使用,是企业技术水平和管理水平的一个标志。

3)定额的特点

(1)科学性

定额是对人们生产实践的总结,定额值的测定是在先进、合理的技术条件、组织条件下,根据一般的劳动情况、技术水平,将各工序进行分解,分别测定每一工序的各种资源消耗数量,然后在反复观测、整理、分析、对比的基础上最后确定。因此,定额的科学性一方面是指定额必须与生产力发展水平相适应;另一方面是指定额值的测定是在实践的基础上,通过科学的测定、分析、计算,用科学的方法和手段测定出来的,符合生产消费的客观规律。

(2)系统性

定额是一个完整独立的系统,公路工程定额从测定到使用,直至修订都全面地反映了公路工程所有的内容和项目,与公路技术标准、规范相配套,准确地反映公路工程施工工艺流程的每一个环节。

公路工程定额是为公路建设这个庞大的实体系统服务的,公路项目分解可以做出成千上万道工序,而其内部却层次分明,如项、目、节的划分。任何一个分部分项工程在公路工程定额中都能一一确定,如预算定额中,一共有 9 章定额来将所有公路工程的内容分割、包容。而且在编制定额的过程中,每一个不同工作都有不同的计算规则或计算模型,它们互相协调组成一个完整的系统。

(3)统一性

定额初期借助于国家统一的技术标准、规范到现在依据交通工程的统一标准、规范,在交通部定额站的统一领导下,按照定额的制定、颁布和贯彻执行的统一行动,使定额工作及定额的管理工作有了统一的程序、统一的原则、统一的要求、统一的用途。

(4)权威性

定额的这一特点表现在我国定额权威性和强制性这两方面,在一定条件下具有经济法规的性质,同时也看出,我国定额的信誉和信赖程度极高,也说明定额及定额管理的刚性约束和严肃性。

只有科学的定额才具有权威性。在社会主义市场经济的条件下,定额必然涉及各有关方面的经济关系和利益关系。赋予定额一定的强制性,就意味着在规定的范围内,对于定额的使用和执行者来说,不论主观上是否愿意,都必须严格按定额的要求和规定执行。

(5)相对稳定性

定额所反映的是一定时期内的施工技术和先进工艺的水平,所以表现为一定的稳定性。一般在 5～10 年,是公路工程定额的稳定期。另外,定额的稳定给政府决策和经济的宏观调控带来有力的保证。

定额的稳定性也是相对的。任何一种定额,都只能反映一定时期的生产力水平,当生产力向前发展了,定额就会与已经发展了的生产力不相适应。这样,它原有的作用就会逐步减弱以致消失,甚至产生负效应。所以,定额在具有稳定性的同时,也具有显著的时效性。当定额不再能起到促进生产力发展的作用时,定额就要重新编制或修订。

4)定额的作用

定额是公路桥梁工程概算定额、预算定额和施工定额的总称。其作用主要有以下几方面:

(1)定额是节约社会劳动和提高劳动生产率的重要手段

定额一方面作为企业促使工人节约社会劳动(如工作时间、原材料等)和提高劳动效率、加快工作进度的手段,以增强市场竞争能力,获取更多利润;另一方面,作为工程造价计算依据的各类定额,又促使企业加强管理,把社会劳动的消耗控制在合理的限度范围内。作为项目决策的定额指标,又在更高层次上促使项目投资者合理、有效地利用和分配社会劳动。

(2)定额是国家对工程建设项目进行宏观调控和管理的手段

基本建设投资动辄数十亿元、数百亿元,甚至上千亿元,会耗费国家大量的人力、物力和财力。这些项目的建成往往会影响到一个地区、一个产业,甚至会影响到整个国民经济的发展和国计民生。国家在进行宏观调控时,需要利用一系列定额为预测、计划、调节、控制经济发展提供有技术根据的参数和可靠的计量标准。这主要表现为对工程造价进行管理和调控;对资源配置和流向进行预测和平衡;对经济结构包括企业结构和所有制结构进行合理调控,也包括对技术结构和产品结构进行调整。

(3)定额有利于市场竞争

定额是对市场信息的加工,又是对市场信息的传递。定额所提供的准确的信息为市场需求主体和供给主体之间的竞争,以及供给主体之间的公平竞争,提供了有利条件。

(4)定额是对市场行为的规范

定额既是投资决策的依据,又是价格决策的依据。投资者利用定额可以权衡自己的财务状况和支付能力、预测资金投入和预期回报,并利用有关定额的大量信息,有效提高项目决策的科学性,优化投资行为。施工企业投标报价时只有充分考虑定额的要求,作出正确的价格决策,才能具有市场竞争优势。定额对完善我国固定资产投资市场和建筑市场都起着重要作用。

(5)定额有利于完善市场的信息系统

定额管理是对大量信息的加工和传递,同时也收集市场信息的反馈,信息是市场体系中的不可或缺要素。它的可靠性、完备性和灵敏性是市场成熟和市场效率的标志。在我国,以定额形式建立和完善市场信息系统,具有以公有制经济为主体的社会主义市场经济的特点。

(6)定额有利于推广先进的施工技术和工艺

定额水平中包含着某些已成熟的先进的施工技术和经验,工人要达到和超过定额,就必须掌握和应用这些先进技术;如果工人要大幅度超过定额水平,他就必须在工作中注意改进工具和技术操作方法,注意原材料的节约,避免原材料和能源的浪费,所以贯彻定额也就意味着推广先进技术。企业或主管部门为了推行定额,往往要组织技术培训,以帮助工人达到或超过定额。这样新技术新工艺、新材料、新经验就很容易推广,从而大大提高全社会的劳动生产效率。

1.2.2 概算定额的内容及运用

1)概算定额的概念及作用

概算定额是指完成合格的单位扩大分项工程或单位扩大结构构件所需消耗的人工材料和机械台班的数量标准。其是预算定额的综合与扩大,即将预算定额中有联系的若干分项工程项目综合为一个概算定额项目。

概算定额的作用可分为以下几个方面:

①概算定额是初步设计阶段编制建设项目概算和技术设计阶段编制修正概算的依据。基本建设程序规定,采用两阶段设计时,其初步设计必须编制设计概算;采用三阶段设计时,其技术设计必须编制修正概算,对拟建项目进行总估价。

②概算定额是设计方案比较的依据。通过设计方案比较,选择出技术先进可靠、经济合理的方案,在满足使用功能的条件下,达到降低造价和减少资源消耗的目的。概算定额扩大综合后可为设计方案的比选提供方便。

③概算定额是编制主要材料需要量的计算基础。根据概算定额所列材料消耗指标计算工程用料数量,可在施工图设计之前提出供应计划,为材料的采购、供应做好施工准备,提供前提条件。

④概算定额是编制建设项目投资估算指标的基础。

2)概算定额的组成

《公路工程概算定额》(JTG/T 3831—2018)包括路基工程、路面工程、隧道工程、桥涵工程、交通工程及沿线设施、绿化及环境工程、临时工程,共7章。主要内容包括总说明、章节说明、定额表。概算定额没有附录,在编制概算时若需要定额的相关基础数据,套用预算定额附录。

(1)概算定额的总说明及各章、节说明

①总说明的内容

概算定额的适用范围及包括的内容;对各章、节都适用的统一规定;概算定额所采用的标准及抽换的统一规定;概算定额的材料名称在预算定额的基础上综合情况的说明,以及对应于预算定额材料名称的统一规定;概算定额中未包括的内容;概算定额中未包括的项目,需编制补充定额的规定。

②章、节说明的内容

本章、节包括的内容;本章、节工程项目的统一规定;本章、节工程项目的工程量计算规则等。

(2)概算定额表

概算定额表与预算定额表相似,主要内容包括:

①工程项目名称及定额单位。

②工程项目包括的工程内容。

③完成定额单位工程的人工消耗量的单位、代号、数量。

④完成定额单位工程的材料消耗量的名称、单位、代号、数量。其中,主要材料以定额消耗量或周转使用量表示,主要材料中数量很小的材料及次要材料以其他材料费表示,吊装等金属设备的折旧费以设备摊销费表示。

⑤完成定额单位工程的机械名称、单位、代号、数量。其中,主要机械以台班消耗数量表示,次要机械以小型机械使用费的形式表示。

⑥定额基价。

⑦表注。有些定额项目下还列有在章、节说明中没有包括的,仅供本定额项目使用的注释。

3)概算定额的运用

(1)对引用定额的编号

在编制概预算时,在计算表格中均要列出所用的定额编号。定额编号在概预算文件中十分重要。一方面,可以保证复核、审查人员利用编号快速查找、核对所用定额的准确性;另一方面,对如此繁多的工程细目的工作内容以编号的形式建立一一对应的模式,便于计算机处理及修编定额人员的统计工作。不论采用手工计算还是计算机的处理,都必须保证该栏目的准确性。

①[页—表—栏]编号法

该法是最常用的编号方法。例如,《概算定额》中的[132-(2-1-2)-1]就是指引用第132页表2-1-2中的第1栏,即路拌法水泥稳定土基层的概算定额。

对于初学使用定额者来说,使用这种编号方法查找容易、检查方便,不易出错,但书写字数较多,在概预算表格中占格较宽。

②[章—表—栏]编号法

它是在[页—表栏]编号法中省去页号的编号方法。

例如,《概算定额》中路拌法水泥稳定土基层的概算定额编号可表示为[2-1-2-1]。

③七位数字编号法

用计算机编制概预算时,有的软件采用七位数字编号方法:第一位数字表示"章",第二位数字表示"节",第三、四位数字表示"表",最后三位数字表示"子目"。

例如,《概算定额》中路拌法水泥稳定土基层概算定额编号应为"2102001"。

(2)运用定额的步骤

所谓运用定额,就是平时所说的"查定额",是指根据编制概预算的具体条件和目的,查得所需正确定额的过程。

①将公路工程施工项目分解至分项工程,每一个分项工程确定欲查定额的项目名称,再据此在定额目录中找到其所在页次,找到所需定额表。

②检查定额表上的"工作内容"与设计要求、施工组织要求是否相符。如相符,则可在表中找到相应的细目,并进一步确定子目(栏号)。

③检查定额表的计量单位与工程项目取定的计量单位是否一致,是否符合章、节说明规定的工程量计算规则。

④看定额的总说明、章说明、节说明以及表下的注解是否与所查子目的定额有关。若有关,则采取相应措施。

⑤根据设计图纸和施工组织设计检查子目中有无需要抽换的定额,是否允许抽换。若需抽换,则进行具体抽换计算。

⑥依子目各序号确定各项定额值,可直接引用的就直接抄录,需计算的则在计算后抄录。

(3)定额单位与工程量

设计图纸上提供的工程量或工程量清单上的工程量,其计量单位、所含内容与定额的计量单位和计算内容有时不完全一致。为了合理确定资源消耗量,进而准确计算工程造价,必须根据定额的需要对工程量进行计量单位的换算和工程量内容的调整。

①体积与面积单位的调整

如人工挖土质台阶,定额计量单位为 $1000m^2$,而设计图纸或施工图工程量一般都以 m^3 单位列出。

②体积与个数的调整

如支座与伸缩缝,设计者一般提供各种型号及对应的个数,而定额计量单位却是 t。

③与施工组织有关的工程量

一个工程项目所牵涉的定额不是都能在设计图上反映出来的。换句话说,一个完整项目的概预算造价除包括施工图纸上的工程数量外,还应考虑与施工方案及施工组织措施相关的其他工程内容涉及的定额。如临时电力、电信线路,临时便道的里程,需按实际需要确定(现场调查);临时仓库、加工场地、临时建筑物等在筹建过程中的一系列相关工程内容的工程量必须考虑进去。清除场地后回填土石方的体积,填前夯实后增加的土石方体积,由自然沉降引起的增加的土石方体积,都是与地基有关但必须增补计算的工程量。

④工程量与定额计量单位相同但存在一定的换算关系

定额计量单位与工程量一致,但有时也不能直接使用,必须提供一定的换算关系后才能正确使用,如路基土石方体积单位的天然密实方与压实方之间的换算。

(4)定额运用举例

如果设计要求、工作内容及确定的工程项目完全与相应定额的工程项目符合,则可直接套用定额。这一部分定额在编制概预算文件时占总定额量的 50% 以上,因此准确使用这些简单的定额可以节约大量的编制时间。但要特别注意各定额的总说明、章(节)说明以及定额注解的要求:定额注解对定额值起修正、说明的作用;定额表上方的"工程内容"主要说明本定额表所包括的操作内容,在查用时必须将实际发生的项目操作内容与表中的"工程内容"进行比较,若不一致应进行抽换,以防止重复计算或漏算。

现结合在路桥工程概算定额中需要注意的各种情况,通过不同的例子详述如下。

【例1-1】 某公路工程在新疆境内,海拔2800m,山岭重丘地形,次坚石,运距80m,机械施工、机械清运,试确定其概算定额。

解:

(1)海拔2800m为在高原地区施工的工程,按《概算定额》总说明第十九条规定办理(按编制办法有关规定处理)。

(2)由《概算定额》目录查得,定额编号为[26-(1-1-15)],见表1-1。

1-1-15 机械打眼开炸石方　　　　　　　　　　　　　　　　　表1-1

工程内容:1)开工作面、收放皮管、换钻头钻杆;2)选炮位、钻眼、清眼;3)装药、填塞;4)安全警戒;5)引爆及检查结果;6)排险;7)撬落、撬移、解小

顺序号	项目	单位	代号	机械打眼开炸		
				软石	次坚石	坚石
				1	2	3
1	人工	工日	1001001	33.5	51.3	77
2	空心钢钎	kg	2009003	9	18	27
3	φ50mm以内合金钻头	个	2009004	17	25	32
4	硝铵炸药	kg	5005002	129	179	228.3
5	非电毫秒雷管	个	5005008	148	195	320
6	导爆管	m	5005009	79	103	126
7	其他材料费	元	7801001	17.6	25.6	33.1
8	9m³/min以内机动空压机	台班	8017049	4.64	7.17	12
9	小型机具使用费	元	8099001	242.2	438.3	736.1
10	基价	元	9999001	9934	14962	22789

注:本定额不包括爆破后石方的清运,如需清运,可按相关运输定额计算。

(3)定额确定如下(每1000m³天然密实岩石)。

①人工:51.3工日。

②材料。

空心钢钎:18kg;

φ50mm以内合金钻头:25个;

硝铵炸药:179kg;

非电毫秒雷管:195个;

导爆管:103m;

其他材料费:25.6元。

③机械。

9m³/min以内机动空压机:7.17台班;

小型机具使用费:438.3元。

④基价:14962元。

根据《编制办法》的有关规定,海拔2800m属于高原地区,应计取高原地区施工增加费。计算方法为:以人工和机械费用之和为基数,按高原地区施工增加费率为19.666%计算。查定额得人工单价为106.28元/工日,9m³/min以内机动空压机台班单机为719.10元/台班。

则高原地区施工增加费为:

$$(51.3 \times 106.28 + 719.10 \times 7.17) \times 19.666\% = 2086.2(元)$$

最终基价为:

$$14962 + 2086.2 = 17048.2(元)$$

【例 1-2】 某人工挖运土方(硬土),运距60m,升坡3%,试确定其概算定额。

解: 由《概算定额》目录可知,定额编号为[4-(1-1-2)],见表1-2。

1-1-2 人工挖运土方　　　　　　　　　　　　　　　　　　　　　　表1-2

工程内容:1)挖松;2)装土;3)运送;4)卸除;5)空回

顺序号	项目	单位	代号	人工挖运			
				第一个40m			土方每增运10m
				松土	普通土	硬土	
				1	2	3	4
1	人工	工日	1001001	125.5	157.3	186.1	5.9
2	基价	元	9999001	13338	16718	19811	627

注:①当采用人工挖、装、机动翻斗车运输时,其挖、装所需的人工按第一个40m挖运定额减去30工日计算。
②当采用人工挖、装、卸、手扶拖拉机运输时,其挖、装、卸所需的人工按第一个40m挖运定额减去18工日计算。
③如遇升降坡时,除按水平距离计算运距外,并按表1-3另加运距。

升降坡度与高度差　　　　　　　　　　　　　　　　　　　　　　表1-3

升降坡度	高度差 H	
	每升高1m	每降低1m
0~5%	15m	不增加
6%~10%		5m
10%以上	25m	8m

运距60m,升坡3%时,高度差 H 为 $60 \times 3\% = 1.8(m)$。

按附注表中的规定,因升坡而增加的运距为 $15 \times 1.8 = 27(m)$。

故人工挖运的总运距为 $60 + 27 = 87(m)$,因此每挖运1000m³天然密实硬土的定额为:

人工

$$186.1 + 5.9 \times \frac{87-40}{10} = 213.83(工日)$$

基价

$$19811 + 627 \times \frac{87-40}{10} = 22757.9(元)$$

【例 1-3】 某天然砂砾路面,路面设计宽度为3.5m,压实厚度为14cm,机械摊铺,试求其概算定额。

解: 由《概算定额》可知,该工程的定额编号为[193-(2-2-4)],见表1-4。

2-2-4 天然砂砾路面(单位:1000m³)　　　　　　　　　　　　　　表1-4

工程内容:1)清扫整理下承层;2)铺料、整平;3)洒水、碾压、找补

顺序号	项目	单位	代号	人工摊铺		机械摊铺	
				压实厚度10cm	每增减1cm	压实厚度10cm	每增减1cm
				1	2	3	4
1	人工	工日	1001001	14.4	1.1	1.5	0.1
2	水	m³	3005004	11	1	—	—
3	砂砾	m³	5503007	133.62	13.36	133.62	13.36

续上表

顺序号	项目	单位	代号	人工摊铺		机械摊铺	
				压实厚度10cm	每增减1cm	压实厚度10cm	每增减1cm
				1	2	3	4
4	120kW以内自行式平地机	台班	8001058	—	—	0.24	—
5	12~15t光轮压路机	台班	8001081	0.26	—	0.26	—
6	18~21t光轮压路机	台班	8001083	0.35	—	0.35	—
7	10000L以内洒水汽车	台班	8007043	—	—	0.1	0.01
8	基价	元	9999001	8203	742	7198	644

《概算定额》第二章说明第6条规定:"压路机台班按下列行驶速度进行编制:两轮光轮压路机为2.0km/h,三轮光轮压路机为2.5km/h,轮胎式压路机为5.0km/h,振动压路机为3.0km/h。如设计为单车道宽度时,两轮光轮压路机乘以系数1.14、三轮光轮压路机乘以系数1.33,轮胎式压路机和振动压路机乘以系数1.29。"每1000m² 概算定额值确定如下:

①人工。
$$1.5 + 0.1 \times 4 = 1.9(工日)$$

②材料。
砂砾
$$133.62 + 13.36 \times 4 = 187.06(m^3)$$

③机械。
120kW以内自行式平地机:0.24(台班)
12~15t光轮压路机:0.26(台班)
18~21t光轮压路机:0.35(台班)
10000L以内洒水汽车:0.1 + 0.01 × 4 = 0.14(台班)

④基价。
查阅《公路工程机械台班费用定额》可知,12~15t光轮压路机机械台班基价为587.09元/台班,18~21t光轮压路机机械台班基价为752.93元/台班,则基价为:
$$7198 + 644 \times 4 + 587.09 \times 0.14 \times 0.26 + 752.93 \times 0.33 \times 0.35 = 9882.33(元)$$

1.2.3 预算定额的内容及运用

1)预算定额的概念及作用

预算定额是指在合理的施工组织设计、正常施工条件下,生产一个规定计量单位合格的结构构件或分项工程所需的人工、材料和机械台班的社会平均消耗量标准。

预算定额的作用可分为以下几方面:

(1)编制施工图预算,确定建筑安装工程造价的基础

施工图设计确定后,预算就取决于预算定额和人工、材料及机械台班的价格。预算定额反映人工、材料和机械台班的消耗量,进而影响建筑产品价格。

(2)编制施工组织设计的依据

施工组织设计的主要任务之一,是确定施工中所需资源的需求量,并作出科学安排。施工单位在缺乏本企业的施工定额的情况下,根据预算定额,能比较合理地计算出施工中各项资源

需要量,为有计划地组织资源供应提供了可靠依据。

(3)施工单位进行经济活动分析的依据

预算定额规定的物化劳动和劳动消耗标准,是施工单位在生产经营中允许消耗的最高标准。施工单位可根据预算定额对施工中的劳动、材料、机械的消耗情况进行具体的分析,以便找出并克服低功效、高消耗的薄弱环节,提高竞争能力。

(4)编制概算定额的基础

概算定额是在预算定额的基础上综合扩大编制的,以预算定额作为编制依据,不但可以节省编制工作的大量人力、物力和时间,收到事半功倍的效果,还可以使概算定额在水平上与预算定额保持一致,以免造成执行中的不一致。

(5)合理编制招标控制价、投标报价的依据

预算定额本身具有科学性和统一性,在编制招标控制价和投标报价时发挥指导性作用。

2)预算定额的组成

《公路工程预算定额》(JTG/T 3832—2018)包括路基工程、路面工程、隧道工程、桥涵工程、防护工程、交通工程及沿线设施、临时工程、材料采集及加工、材料运输及附录。主要内容包括总说明、章节说明、定额表及附录。

(1)预算定额的总说明及各章、节说明

①总说明的内容

预算定额的适用范围、指导思想及目的、作用;预算定额的编制原则、主要依据及有关定额修编文件;对各章、节都适用的统一规定;定额所采用的标准及允许抽换定额的原则;定额中包括的内容;对定额中未包括的项目需编制补充定额的规定。

②章、节说明的内容

本章、节包括的内容;本章、节工程项目的统一规定;本章、节工程项目综合的内容及允许抽换的规定;本章、节工程项目的工程量计算规则。

(2)预算定额表

定额表主要内容包括:

①工程项目名称及定额单位。

②工程项目包括的工程内容。

③完成定额单位工程的人工、材料和机械的名称、单位、代号、数量。

④定额基价。

⑤表注。有些定额项目下还列有在章、节说明中没有包括的,仅供本定额项目使用的注释。

(3)附录

附录是编制定额、定额合理套用不可缺少的组成部分,包括以下内容:

①路面材料计算基础数据。

②基本定额。包括:桥涵模板工作,砂浆及混凝土材料消耗,脚手架、踏步、井字架工料消耗,基本定额材料规格与质量等。

③材料的周转及摊销。包括:混凝土和钢筋混凝土构件、块件模板材料周转及摊销次数,脚手架、踏步、井字架、金属门式吊架、吊盘等摊销次数,临时轨道铺设材料摊销,基础及打桩工程材料摊销次数,灌注桩设备材料摊销,吊装设备材料摊销次数,预制构件和块件的堆放、运输材料摊销次数。

④定额基价人工、材料单位质量、单价表。

3) 预算定额的运用

(1) 定额的编号

与概算定额相同,对预算定额编号可采用[页—表—栏]、[章—表—栏]和 8 位数字编号法。其中,8 位数字编号法编号中的第 1 位数字表示"章",第 2、3 为数字表示"节",第 4、5 位数字表示"表",最后 3 位数字表示"子目"。

(2) 预算定额的运用方法

①定额的直接套用。

如果设计要求、工作内容及确定的工程项目完全与相应定额的工程项目符合,则可直接套用定额。在应用定额编制预算文件时,绝大多数项目属于直接套用定额这种情况。

【例 1-4】 某路面工程粒料基层采用石油沥青做透层,工程量为 200000m^2,试计算工、料、机数量和基价。

解:由《预算定额》[2-2-16-1]知,定额计量单位为 1000m^2 时的工程数量为:

$$\frac{200000 \text{m}^2}{1000 \text{m}^2} = 200$$

石油沥青
$$1.082 \times 200 = 216.4(\text{t})$$

煤
$$0.210 \times 200 = 42(\text{t})$$

其他材料费
$$20.5 \times 200 = 4100(元)$$

设备摊销费
$$11.5 \times 200 = 2300(元)$$

8000L 以内沥青洒布车
$$0.06 \times 200 = 12(台班)$$

小型机具使用费
$$3.2 \times 200 = 640(元)$$

基价
$$5105 \times 200 = 1021000(元)$$

②定额抽换。

定额抽换是指当设计中所规定的内容与定额中的工作内容、子目或与表中某序号所列的规格不相符时,应查用相应的定额或基本定额予以替换。在抽换前应仔细阅读定额的总说明、章说明、节说明及定额表下方的注解,确定是否要抽换以及怎样抽换。

在运用《预算定额》时,根据情况不同,定额抽换方法可以分为三类:配合比不同有关材料的抽换、定额表值乘以系数、定额表值增减量。

a. 配合比不同有关材料的抽换。

Ⅰ. 路面半刚性基层材料。

《预算定额》第二章第一节的说明中规定:各类稳定土基层定额中的材料消耗是按一定配合比编制的,当设计配合比与定额标明的配合比不同时,有关材料可按下式进行换算:

$$C_i = [C_d + B_d \times (H - H_0)] \times \frac{L_i}{L_d} \tag{1-1}$$

式中：C_i——按设计配合比换算后的材料数量；

C_d——定额中基本压实厚度的材料数量；

B_d——定额中压实厚度每增减1cm的材料数量；

H_0——定额的基本压实厚度；

H——设计的压实厚度；

L_d——定额中表明的材料百分率；

L_i——设计配合比的材料百分率。

【例1-5】 熟石灰、粉煤灰稳定碎石基层采用稳定土拌和机拌和，设计配合比为4:11:85，设计厚度为25cm，分层拌和、碾压。试按《预算定额》确定每1000m²资源消耗量。

解：查《预算定额》表2-1-4 路拌法石灰、粉煤灰稳定土基层，即定额编号[164-(2-1-4)-35+36]（表1-5），可知设计配合比与定额表明的配合比不同，应对石灰、粉煤灰、碎石的材料用量进行抽换。

2-1-4 路拌法石灰、粉煤灰稳定土基层　　　　　表1-5

顺序号	项目	单位	代号	稳定土拌和机拌和					
				石灰粉煤灰砂		石灰粉煤灰砂砾		石灰粉煤灰碎石	
				石灰:粉煤灰:砂 10:20:70		石灰:粉煤灰:砂砾 5:15:80		石灰:粉煤灰:碎石 5:15:80	
				压实厚度 20cm	每增减 1cm	压实厚度 20cm	每增减 1cm	压实厚度 20cm	每增减 1cm
				31	32	33	34	35	36
1	人工	工日	1001001	24.6	1	15.6	0.6	16	0.6
2	粉煤灰	t	5501009	—	—	—	—	63.963	3.198
3	熟石灰	t	5503003	70.04	3.502	61.8	3.09	22.77	1.139
4	矿渣	m³	5503011	37.4	1.87	22	1.1	—	—
5	煤矸石	m³	5505009	163.92	8.2	—	—	—	—
6	碎石	m³	5505016	—	—	197.82	9.89	222.11	11.1
7	其他材料费	元	7801001	301	—	301	—	301	—
8	120kW以内自行式平地机	台班	8001058	0.42	—	0.42	—	0.42	—
9	12~15t光轮压路机	台班	8001081	0.37	—	0.37	—	0.37	—
10	18~21t光轮压路机	台班	8001083	0.8	—	0.8	—	0.8	—
11	235kW以内稳定土拌和机	台班	8003005	0.26	0.02	0.26	0.02	0.26	0.02
12	10000L以内洒水汽车	台班	8007043	0.38	0.03	0.35	0.03	0.34	0.02
13	基价	元	9999001	38458	1844	28494	1352	36622	1748

相关材料调整后数量为：

熟石灰

$$[22.77 + 1.139 \times (25 - 20)] \times \frac{4}{5} = 22.772(t)$$

粉煤灰

$$[63.963+3.198\times(25-20)]\times\frac{11}{15}=58.632(\text{t})$$

碎石

$$[222.11+11.1\times(25-20)]\times\frac{85}{80}=284.96(\text{m}^3)$$

根据《预算定额》第二章第一节说明中第 1 条:"各类垫层、级配碎石、级配砾石基层的压实厚度在 15cm 以内,填隙碎石一层的压实厚度在 12cm 以内,各类稳定土基层、其他种类的基层和底基层压实厚度在 20cm 以内,拖拉机、平地机、摊铺机和压路机的台班消耗按定额数量计算。如超过上述压实厚度进行分层拌和、摊铺、碾压时,拖拉机、平地机、摊铺机和压路机的台班消耗按定额数量加倍计算,每 1000m² 增加 1.5 个工日。"人工和机械应分别调整为:

人工

$$16.0+0.6\times5+1.5=20.5(\text{工日})$$

120kW 以内自行式平地机

$$0.42\times2=0.84(\text{台班})$$

12~15t 光轮压路机

$$0.37\times2=0.74(\text{台班})$$

18~21t 光轮压路机

$$0.8\times2=1.6(\text{台班})$$

其他机械可按第 35 子目定额表值与第 36 子目定额表值之和确定:
235kW 以内稳定土拌和机

$$0.26+0.02\times5=0.36(\text{台班})$$

10000L 以内洒水汽车

$$0.34+0.02\times5=0.44(\text{台班})$$

应注意:定额表中只要有工、料、机数量的抽换或调整,其基价也应做相应调整。
对于 25cm 厚的石灰粉煤灰碎石基层,按定额表:

$$\text{基价}=36622+1748\times5=45362(\text{元})$$

考虑到石灰、粉煤灰、碎石数量经过调整,则其变化量分别为:

$$\Delta_{\text{石灰}}=22.772-(22.77+1.139\times5)=-5.693(\text{t})$$

$$\Delta_{\text{粉煤灰}}=58.632-(63.963+3.198\times5)=-21.321(\text{t})$$

$$\Delta_{\text{碎石}}=284.96-(222.11+11.1\times5)=7.35(\text{m}^3)$$

此外,人工、平地机、压路机的数量也发生了变化,其变化量分别为:

$$\Delta_{\text{人工}}=1.5\ \text{工日}$$

$$\Delta_{\text{平地机}}=0.42\ \text{台班}$$

$$\Delta_{12\sim15\text{t光轮压路机}}=0.37\ \text{台班}$$

$$\Delta_{18\sim21\text{t光轮压路机}} = 0.8 \text{ 台班}$$

查阅《预算定额》附录四可知材料的基价:粉煤灰为 145.63 元/t,熟石灰为 276.7/t,碎石为 75.73 元/m³,人工为 106.28 元/工日;查阅《公路工程机械台班费用定额》可知机械台班的基价:120kW 以内自行式平地机为 1188.74 元/台班,12~15t 光轮压路机为 587.09 元/台班,18~21t 光轮压路机为 752.93 元/台班。

因此,调整后的定额基价应为:

$45362 - 276.6 \times 5.693 - 145.63 \times 21.321 + 75.73 \times 7.35 + 106.28 \times 1.5 + 1188.74 \times 0.42 + 587.09 \times 0.37 + 752.93 \times 0.8 = 42717.21(元)$

Ⅱ. 砂浆及混凝土。

《预算定额》总说明中规定:"定额中列有的混凝土、砂浆的强度等级和用量,其材料用量已按附录二中配合比表规定的数量列入定额,不得重算。如设计采用的混凝土、砂浆强度等级或水泥强度等级与定额所列强度等级不同时,可按配合比表进行换算。但实际施工配合比材料用量与定额配合比表用量不同时,除配合比表说明中允许换算者外,均不得调整。"

【例 1-6】 某浆砌片石实体式桥台高 8m,设计采用强度等级为 M5 的水泥砂浆砌筑,试按《预算定额》确定每 10m³ 砌体资源消耗量。

解:查《预算定额》第四章第五节表 4-5-2,即定额编号为[583-(4-5-2)-5](表 1-6),得:

4-5-2 浆砌片石(单位:10m³)　　　　　　　　　　　　　　　　　　　表 1-6

工程内容:1)选、修、洗石料;2)搭、拆脚手架、踏步或井字架;3)配、拌、运砂浆;4)砌筑;5)勾缝;6)养护

顺序号	项目	单位	代号	基础、护底、截水墙	护拱	实体式墩	实体式台、墙
				1	2	3	4
1	人工	工日	1001001	6.6	6.1	8.7	7.8
2	M7.5 水泥砂浆	m³	1501002	(3.5)	(3.5)	(3.5)	(3.5)
3	M10 水泥砂浆	m³	1501003	—	—	(0.12)	(0.05)
4	8-12 号铁丝	kg	2001021	—	—	1.8	0.6
5	钢管	t	2003008	—	—	0.011	0.004
6	铁钉	kg	2009030	—	—	0.3	0.1
7	水	m³	3005004	4	4	9	8
8	原木	m³	4003001	—	—	0.01	—
9	锯材	m³	4003002	—	—	0.05	0.02
10	中(粗)砂	m³	5503005	3.82	3.82	3.94	3.87
11	片石	m³	5505005	11.5	11.5	11.5	11.5
12	32.5 级水泥	t	5509001	0.931	0.931	0.968	0.947
13	其他材料费	元	7801001	1.2	1.2	5.4	2.7
14	1.0m³ 以内轮胎式装载机	台班	8001045	0.08	0.08	0.1	0.1
15	400L 以内灰浆搅拌机	台班	8005010	0.15	0.15	0.15	0.15
16	基价	元	9999001	2127	2086	2545	2338

根据节说明1可知,定额中的M7.5水泥砂浆为砌筑用砂浆,M10水泥砂浆为勾缝用砂浆。

本题中的定额采用M7.5水泥砂浆砌筑,而设计采用M5水泥砂浆砌筑,因此水泥砂浆材料应该抽换。

查《预算定额》第1083页附录二中的砂浆配合比表(表1-7)可得:

砂浆配合比表(单位:1m³ 砂浆及水泥浆)   表1-7

序号	项目	单位	M5	M7.5	M10	M12.5	M15	M20	M25	M30	M35	M40	M45
			1	2	3	4	5	6	7	8	9	10	11
1	32.5级水泥	kg	218	266	311	345	393	448	527	612	693	760	—
2	42.5级水泥	kg	—	—	—	—	—	—	—	—	—	—	1000
3	熟石灰	kg	—	—	—	—	—	—	—	—	—	—	—
4	中(粗)砂	m³	1.12	1.09	1.07	1.07	1.07	1.06	1.02	0.99	0.98	0.95	0.927

每10m³砌体砂浆材料用量:

对于M5砂浆,32.5级水泥

$$\frac{218}{1000} \times 3.5 = 0.763(t)$$

中(粗)砂

$$1.12 \times 3.5 = 3.92(m^3)$$

对于M7.5砂浆,32.5级水泥

$$\frac{266}{1000} \times 3.5 = 0.931(t)$$

中(粗)砂

$$1.09 \times 3.5 = 3.82(m^3)$$

用M5水泥砂浆代替M7.5水泥砂浆后,材料变化量分别为:

$$\Delta_{32.5级水泥} = 0.763 - 0.931 = -0.168(t)$$

$$\Delta_{中(粗)砂} = 3.92 - 3.82 = 0.1(m^3)$$

有关水泥砂浆的材料调整后的用量为:

$$0.947 - 0.168 = 0.779(t)$$

中(粗)砂

$$3.87 + 0.1 = 3.97(m^3)$$

其他工、料、机梁不需调整。

查《预算定额》附录四可知材料基价:32.5级水泥为307.69元/t,中(粗)砂为87.38元/m³,调整后的定额基价为:

$$2338 - 307.69 \times 0.168 + 87.38 \times 0.1 = 2295.05(元)$$

b.定额表值乘以系数。

【例1-7】 某高速公路需借路基土方 200000m³（硬土、压实方），采用装载机装土、自卸汽车运土、推土机配合装载机推松集土的施工方法，试按《预算定额》确定165kW以内履带式推土机所需台班消耗量。

解：查《预算定额》第一章定额表1-1-12，即定额编号为［21-(1-1-12)-19］（表1-8），得：

1-1-12 推土机推土（单位：1000m³ 天然密实方）　　　　　表1-8

工程内容 1）推土；2）空间；3）整理卸土

顺序号	项目	单位	代号	土 方							
				推土机功率(kW)							
				165 以内				240 以内			
				第一个20m			每增运10m	第一个20m			每增运10m
				松土	普通土	硬土		松土	普通土	硬土	
				17	18	19	20	21	22	23	24
1	人工	工日	1001001	2.4	2.6	2.9	—	2.4	2.6	2.9	—
2	135kW 以内履带式推土机	台班	8001006	—	—	—	—	—	—	—	—
3	165kW 以内履带式推土机	台班	8001007	0.88	0.97	1.08	0.32	—	—	—	—
4	240kW 以内履带式推土机	台班	8001008	—	—	—	—	0.62	0.67	0.76	0.23
5	基价	元	9999001	1923	2114	2355	606	1715	1854	2098	542

注意到定额计量单位为1000m³天然密实方。根据《定额预算》第一章第一节说明8，当以填方压实体积为工程量，采用以天然密实方为计量单位的定额时，所采用的定额应乘以下系数（表1-9）。

定 额 值 系 数　　　　　　表1-9

公路等级	土 方			石 方
	松土	普通土	硬土	
二级及二级以上公路	1.23	1.16	1.09	0.92
三、四级公路	1.11	1.05	1.00	0.84

其中：推土机、铲运机施工土方的增运定额按普通土栏目的系数计算；人工挖运土方的增运定额和机械翻斗车、手扶拖拉机运输土方、自卸汽车运输土方的运输定额在表1-8中系数的基础上增加0.03的土方运输损耗，但弃方运输不应计算运输损耗。

另外，根据定额编号［14-(1-1-10)］，即装载机装土。石方的定额表表注1，装载机装土方如需配合推松、集土时，其人工、推土机台班的数量按"推土机推运土方"第一个20m定额乘以0.8的系数计算。因此，165kW以内履带式推土机所需台班消耗量为：

$$1.08 \times 1.09 \times 0.8 \times 200000 \div 1000 = 188.35(台班)$$

c.定额表值增减量。

【例1-8】 某级配碎石基层压实厚度为20cm，采用机械摊铺集料、平地机拌和的施工方法，分两层拌和碾压，需铺筑的路面基层宽8m、长5km，试按《预算定额》确定其工、料、机消耗量。

解:查《预算定额》第二章定额表2-2-2,即定额编号为[205-(2-2-2)](表1-10),得:

2-2-2 级配碎石路面(单位:1000m²)　　　　　　　　　　　　表1-10

工程内容:1)清扫整理下承层;2)铺料、洒水、拌和;3)整形、碾压、找补

顺序号	项　目	单位	代号	机械摊铺集料					
				平地机拌和					
				压实厚度8cm			每增加1cm		
				面层	基层	底基层	面层	基层	底基层
				13	14	15	16	17	18
1	人工	工日	1001001	1.9	1.8	1.7	0.2	0.1	0.1
2	黏土	m³	5501003	14.66	—	—	1.83	—	—
3	碎石	m³	5505016	122.63	122.66	122.84	15.34	15.34	15.35
4	设备摊销费	元	7901001	—	—	—	—	—	—
5	120kW以内自行式平地机	台班	8001058	0.57	0.5	0.5	—	—	—
6	75kW以内履带式拖拉机	台班	8001066	—	—	—	—	—	—
7	12~15t光轮压路机	台班	8001081	0.12	0.12	0.12	—	—	—
8	18~21t光轮压路机	台班	8001083	0.91	0.8	0.68	—	—	—
9	10000L以内洒水汽车	台班	8007043	0.08	0.08	0.08	0.01	0.01	0.01
10	基价	元	9999001	11181	10836	10749	1215	1183	1184

工程数量

$$\frac{5000 \times 8}{1000} = 40$$

根据《预算定额》第二章第一节说明中第一条,工、料、机消耗量为:

人工

$$[1.8 + 0.1 \times (20-8) + 1.5] \times 40 = 180(工日)$$

碎石

$$[122.66 + 15.34 \times (20-8)] \times 40 = 12269.6(m^3)$$

120kW以内自行式平地机

$$0.5 \times 2 \times 40 = 40(台班)$$

12~15t光轮压路机

$$0.12 \times 2 \times 40 = 9.6(台班)$$

18~21t光轮压路机

$$0.8 \times 2 \times 40 = 64(台班)$$

10000L以内洒水汽车

$$[0.08 + 0.01 \times (20-8)] \times 40 = 8(台班)$$

③定额的补充。

当设计要求与《预算定额》条件完全不相符,或设计采用新材料、新工艺,在定额中无这类项目时,即属于定额缺项时,可编制补充定额。

编制补充定额一般采用两种方法:一种是按照预算定额编制方法,计算人工、各种材料及

机械台班消耗指标,经有关人员讨论后确定;另一种是人工、机械及其他材料消耗量套用相近项目的定额计算,材料(主要材料)按施工图设计进行计算或测定。

【例1-9】 广东省境内某大桥引道中,软土路基采用直径为50cm的喷粉桩进行加固处理,是确定其预算定额。

解:因《预算定额》中无喷粉桩项目,所以必须补充定额。下面通过对某专业基础工程公司在喷粉桩工程施工中人员、机具设备的配备情况以及工程实际工、料、机消耗情况统计资料的分析,得出喷粉桩的预算定额参考如下:

(1)喷粉桩工程施工安排。使用GPP-5B型深层喷射搅拌机钻成孔,用空气压缩机高压风力将水泥(或石灰粉)干喷入孔成桩,每台班配备钻机1台、施工技术人员1人、钻机操作工4人、辅助工(工作内容包括水泥、石灰运输、装罐、钻机移位等)5人。日夜三班,每机共配备30人。

(2)喷粉桩工程实际工、料、机消耗情况见表1-11。

喷粉桩工程实际工、料、机消耗情况 表1-11

工程项目	工程地点	投入机组(组)	施工人数(人)	完成工程数量			实际消耗总量			单位(10m³)实耗			单位(m)实耗		
				桩数(根)	长度(m)	总数量(m³)	人工工日	机械台班	水泥(t)	人工工日	机械台班	水泥(t)	人工工日	机械台班	水泥(t)
A	甲地	1	30	239	2065	405.46	1410	96	105	34.78	2.368	2.59	0.68	0.047	50.85
B	乙地	2	60	489	3723	731.01	2640	135	145.2	36.11	1.847	1.986	0.71	0.036	39.11
C	丙地	3	90	851	7780	1527.6	4950	276	450	32.40	1.807	2.946	0.64	0.036	57.84
D	丁地	2	60	602	5086	998.64	3600	136	210	36.05	1.362	2.103	0.71	0.027	41.29
合计		8	240	2181	18654	3662.71	12600	643	910.2	34.40	1.756	2.485	0.68	0.035	48.79

注:表列为实际开动台班,未包括修理及其他停台时间。

(3)分析计算喷粉桩预算定额。在以上统计数据的基础上,可得到完成1m或10m³的工、料、机消耗数量,然后从《预算定额》附录四中查的人工、材料单价,并从《公路工程机械台班费用定额》中查到相应的机械台班单价,综合各方面因素后分析计算得到喷粉桩预算定额(参考)见表1-12。

喷粉桩预算定额(参考) 表1-12

序号	项 目	单位	单价(元)	每延米长		每10m³	
				数量	金额/元	数量	金额/元
1	人工	工日	106.28	0.62	65.89	31.61	3359.51
2	32.5级水泥	kg	0.31	50	15.5	2546	789.26
3	其他材料费	元			3.23		1640.60
4	1500mm以内深层喷射搅拌机	台班	616.77	0.05	30.84	2.52	1554.26
5	6m³/min 空压机	台班	531.25	0.05	26.56	2.52	1338.75
6	小型机具使用费				0.55		28.00
7	基价	元			142.57		8710.38

注:若钻机、空压机型号不同时,台班单价也应随之变动。

(3)基本定额

《预算定额》附录二是基本定额。基本定额是指在合理的条件下,为生产单位数量半成品、中间产品所规定的各种资源(工、料、机、费用)消耗量标准,其分类组成如图1-5所示。

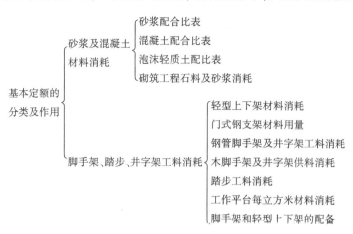

图1-5 基本定额的分类与组成

基本定额的作用主要有以下两点。

①进行定额抽换。当定额值需要抽换时,基本定额是定额抽换的依据。

②分析分项工程或半成品所需人工、材料、机械等的消耗量。即当设计中出现定额表中查不到的个别分项工程时,可根据基本定额分析计算该工程所需的人工、材料、机械的数量。

【例1-10】 某浆砌片石基础工程,需用M7.5水泥砂浆2.6m³,问需购32.5级水泥、中(粗)砂各多少?

解:水泥砂浆是一种复合材料,它是由水泥、砂等基本材料组合而成的。基本定额规定了复合材料中基本材料的消耗数量标准,通过它可以计算出基本材料的需要数量。

依题意,砂浆的基本定额可查《预算定额》附录二中的砂浆配合比表,见表1-7。

由表1-7可知,1m³M7.5水泥砂浆需要用0.266t水泥、1.09m³中(粗)砂,那么2.6m³水泥砂浆需购:

32.5级水泥砂浆

$$0.266 \times 2.6 = 0.692 (t)$$

中(粗)砂

$$1.09 \times 2.6 = 2.83 (m^3)$$

(4)材料的周转与摊销及定额抽换

在工程中使用的材料,按其使用次数可以分为两类:一是只能一次性使用的材料,如水泥、砂、石等;二是能够多次使用的材料,如模板、支架、拱盔等。能够多次使用的材料称之为周转性材料。材料周转与摊销就是为周转性材料制定的,它规定了各种周转性材料(模板、拱盔、支架等)在施工中合理使用的周转或摊销次数。

材料的周转与摊销在《预算定额》附录三中编制。其分类组成如图1-6所示。

材料的周转与摊销的作用主要是:规定各种各样周转性材料的周转、摊销次数;对达不到规定周转次数的材料定额进行抽换。

①材料的周转与摊销。

材料的周转与摊销规定了周转性材料在施工中合理使用的周转或摊销次数。预制混凝土构件的木模板及组合钢模板材料的周转次数见表1-13及表1-14。

材料周转与摊销
- 混凝土和钢筋混凝土构件、块件模板材料周转及摊销次数
  - 现浇混凝土的模板及支架、拱盔、隧道支撑
  - 预制混凝土构件的木模板
  - 组合钢模板材料的周转次数
  - 定型钢模板材料的和周转次数
- 脚手架、踏步、井字架、金属门式吊架、吊盘等的摊销次数
- 临时轨道铺设材料摊销
- 基础及打桩工程材料摊销
- 灌注桩设备材料摊销
- 吊装设备材料摊销
- 预制构件和块件的堆放、运输材料摊销次数

图1-6 材料周转与摊销的分类与组成

预制混凝土构件的木模板周转次数 表1-13

序号	材料名称	单位	工料机代号	沉井、桁架梁、桁架拱、箱形拱、薄壳拱、箱涵、板拱、双曲拱肋	箱形梁、T形梁、I形梁	矩形板、连续板、空心板、微弯板、方桩、墩台管节、管桩、护筒、立柱	圆管涵、拱波、预制块、护栏板、栏杆、人行道、里程碑及其他小型构件
				1	2	3	4
1	木料	次数	—	10	12	17	25
2	螺栓、拉杆	次数	—	20	20	20	25
3	铁件	次数	2009028	10	10	10	12
4	铁钉	次数	2009030	5	5	5	5
5	8~12号铁丝	次数	2001021	1	1	1	1

注:预制构件模块钉有铁皮者,木料周转次数应提高50%。

组合钢模板材料的周转次数 表1-14

序号	项目	代号	周转次数 预制	周转次数 现浇	预算定额材料名称	材料损耗(%)
1	组合钢模板	2003026	60	40	组合钢模板	0
2	组合钢模板连接件	2009028	25	16	铁件	0
3	螺栓、拉杆	2009028	20	12	铁件	2
4	压楞型钢	2003004	80	60	型钢	6
5	木夹条	4003002	5	3次或1墩次	锯材	15
6	木支撑、木橛	4003001	12	8	原木	5
7	扒钉、铁件	2009028	10	10	铁件	2
8	钢丝绳、钢筋杆	—	40	40	钢丝绳、光圆钢筋	2.5
9	木块木模锯材(包括木拉带)	4003002	12	8	锯材	15
10	大块木模用圆钉	2009028	5	4	铁件	2
11	硬塑料管	—	1	1	其他材料费	2.5
12	橡胶板	—	20	20	其他材料费	2.5
13	钢板	2003005	100	80	钢板	6

【例 1-11】 预制某预应力空心板工程,试求组合钢模板材料的定额用量及周转次数。

解:预制预应力空心板的定额编号为[688-(4-7-13)],见表1-15。组合钢模板材料的周转次数见表1-14。

4-7-13 预制、安装预应力空心板　　　　　　　　　　　　　　　　　　　　　　表1-15

工程内容:预制:1)组合钢模板拼拆及安装、拆除、修理、涂脱剂、堆放;2)钢筋除锈、制作、成型、焊接、绑扎;
　　　　　　3)混凝土浇筑、捣固及养护;4)立面凿毛
　　　　安装:1)整修构件;2)构件起吊、横移、就位、校正;3)起重机、单导梁过墩移动;4)锯断吊环

顺序号	项目	单位	代号	预制混凝土		预制预应力空心板钢筋		起重机安装		单导梁式桥机安装预应力空心板	
				泵送	非泵送	现场加工	集中加工	跨径(m)			
								10以内	20以内	10以内	20以内
				$10m^3$ 实体		1t		$10m^3$ 实体			
				1	2	3	4	5	6	7	8
1	人工	工日	1001001	16.7	11.4	5.7	4.3	4.8	3.8	6	4.9
2	普 C20-32.5-2	m^3	1503007	(0.44)	(0.44)	—	—	—	—	—	—
3	普 C40-42.5-2	m^3	1503014	(10.10)	—	—	—	—	—	—	—
4	泵 C40-42.5-2	m^3	1503067	—	(10.30)	—	—	—	—	—	—
5	预制构件	m^3	1517001	—	—	—	—	(10.00)	(10.00)	—	—
6	HPB300 钢筋	t	2001001	0.004	0.004	0.351	0.35	—	—	—	—
7	HRB400 钢筋	t	2001002	—	—	0.674	0.67	—	—	—	—
8	钢丝绳	t	2001019	0.002	0.002	—	—	—	—	—	—
9	20-22 号铁丝	kg	2001022	—	—	3.68	4.59	—	—	—	—
10	钢管	t	2003008	0.003	0.003	—	—	—	—	—	—
11	钢模板	t	2003025	0.051	0.051	—	—	—	—	—	—
12	电焊条	kg	2009011	—	—	1.31	2.66	—	—	—	—
13	铁件	kg	2009028	8.6	8.6	—	—	—	—	—	—
14	水	m^3	3005004	17	17	—	—	—	—	—	—
15	锯材	m^3	4003002	0.02	0.02	—	—	—	—	—	—
...	...	...	...	...	...	...	...	...	...	...	...
29	基价	元	9999001	5338	4757	4052	4027	1286	1001	876	673

注:现浇企口混凝土可套用桥面铺装定额计算。

由表1-15可知,组合钢模板材料的定额用量(即摊销数量)分别为:

锯材为$0.02m^3$,钢模板为0.051t,铁件为8.6kg。

由表1-14可知,组合钢模板材料的周转次数分别为:

锯材为12次,钢模板为60次,铁件为10次。

② 定额抽换。

a. 抽换原则。《预算定额》总说明八规定:"本定额中周转性的材料、模板、支撑、脚手杆、脚手板和挡土板等的数量,已考虑了材料的正常周转次数并计入定额内。其中,就地浇筑钢筋混凝土梁用的支架及拱圈用的拱盔、支架,如确因施工安排达不到规定的周转次数时,可根据

具体情况进行换算并按规定计算回收,其余工程一般不予抽换。"

由此可见,不是所有达不到规定周转次数的材料都可以进行定额抽换,就地浇筑钢筋混凝土架用的支架及拱圈用的拱盔、支架,确因施工安排达不到规定的周转次数是才可进行定额抽换并计算回收。这一原则必须坚持。

b. 抽换方法。当材料的实际周转次数达不到规定的周转次数时,定额表中周转材料的定额用量应予抽换,即按照实际周转次数重新计算其实际用量定额。

$$实际用量定额 = \frac{图纸一次用量 \times (1 + 场外运输及操作损耗率)}{实际周转次数(或摊销次数)} \tag{1-2}$$

对于统一工程,由于"图纸一次用量 × (1 + 场外运输及操作损耗率)"是固定不变的,故:

$$实际定额用量 = \frac{规定的周转次数}{实际周转次数} \times 规定定额用量 \tag{1-3}$$

1.2.4 机械台班费用定额

1) 机械台班费用定额的概念

机械台班费用定额是指在一个台班中,为使机械正常运转需要支出和分摊的折旧、维修、安装拆卸、辅助设施以及人工、动力燃料、养路费、车船使用税等各项费用消耗的标准,即确定机械台班单价的定额。机械台班费用定额是编制路桥基本建设工程概预算,进行经济核算和结算的依据,路桥养护的大、中修工程可参考使用。

现行《公路工程机械台班费用定额》(JTG/T 3833—2018),以下简称《机械台班费用定额》已于 2019 年 5 月 1 日起开始实施。

2) 机械台班费用定额的组成

机械台班费用定额由不变费用和可变费用两大部分组成。

(1) 不变费用

不变费用是指除青海、新疆、西藏等边远地区外,其费用不变,即应直接采用的费用。

根据主管部门和机械年工作台班制度的规定,不变费用不管机械是否开动以及施工地点和条件是否变化都要支出,是一种比较固定的经常性费用,应按全年的费用分摊到每一台班中去。它包括机械的折旧费、大修理费、经常修理费、安装拆卸及辅助设施费。

不变费用由以下 4 项组成:

①折旧费是指机械设备在规定使用年限内陆续回收其原值的费用。

②大修理费是指机械设备按规定的大修间隔必须进行大修理,以恢复其正常功能所需的费用。

③经常修理费是指机械设备除大修理外的各级保养(包括一、二、三级维护)及为排除临时故障所需的费用,为保障机械正常运转所需替换设备、随机使用工具附具摊销和维护的费用,机械运转与日常保养所需润滑油脂、擦拭材料(布及棉纱等)的费用和机械在规定年工作台班以外的维护费用等。

④安拆及辅助设施费是指机械在施工现场进行安装、拆卸所需的人工费、材料费、机械使用费、试运转费以及安装所需的辅助设施费。辅助设施费包括安置机械的基础、底座及固定锚桩等的费用。打桩、钻孔机械在施工过程中的过墩、移位等所产生的安装及拆卸费在工程项目费之内;稳定土厂拌设备、沥青乳化设备、黑色粒料拌和机、沥青混合料拌和设备、混凝土搅拌站(楼)、塔式起重机、施工电梯的安装、拆卸费用,拌和设备、混凝土搅拌站(楼)、大型发电机

的混凝土基础、沉淀池、散热池等辅助设施和机械操作所需的轨道、工作台的设置费用,不在此项费用内,在工程项目中另行计算。

(2)可变费用

可变费用是指随当地物价水平而变化的费用。它是以每台班实物消耗指标的形式表示的,即机械开动或运转时才会发生的费用。将这些数量指标乘以相应的单价,才能得到相应的费用。由于各地的物价水平不一样,因此在相同的定额消耗数量指标下,各地的费用数值是不同的。即定额值是不变量,而各地的物价是变量,因此二者的积是可变量。可变费用在使用时随工程所在地的人工、动力燃料、养路费及车船使用税的标准不同而不同,应根据有关的文件或规定计算确定。

构成可变费用的主要有人工费、燃料费、水费、电费、养路费及车船使用税等。

①人工费是指随机操作人员的工作日工资,包括基本工资,各类津贴、补贴,辅助工资,劳动保护费以及各类保险和住房公积金等。

②动力燃料费是指机械在施工作业中所消耗的电力、固体燃料(煤、木柴)、液体燃料(汽油、柴油、重油)和水等。

③养路费和车船使用税是指按国家规定缴纳的机械养路费和车船使用税。

3)机械台班费用定额的运用

(1)计算机械台班单价

台班单价是编制概预算必不可少的依据。《机械台班费用定额》以一个台班为单位,规定了其不变费用及可变费用中各种资源的消耗量。根据这些并结合当地相应的物价,即可计算机械台班单价。

【例 1-12】 试计算摊铺宽度为 6m 的滑模式水泥混凝土摊铺机的台班单价。已知人工费用为 106.28 元/工日,柴油费用为 7.44 元/kg。

解: 由《机械台班费用定额》查得,该机械的代号为 8003076。由此可知其不变费用为 1691.31 元。

对于可变费用:

人工费
$$106.28 \times 3 = 318.84(元)$$

柴油费
$$7.44 \times 83.66 = 622.43(元)$$

合计
$$318.84 + 622.43 = 941.27(元)$$

台班单价
$$1691.31 + 941.27 = 2632.58(元)$$

(2)分析机械台班消耗的人工、燃料等的实物量

在编制概预算时,需要统计施工机械所消耗的人工、燃料等各种资源的实物消耗数量。《机械台班费用定额》为此提供了计算依据。

【例 1-13】 某路面工程,需用 80kW 稳定土拌和机 6.2 台班,需用液压锻钎机 4.3 台班。试求其所需的实物数量。

解: 查《机械台班费用定额》可知,两种机械的代号分别为 8003001 和 8001129。

①80kW 稳定土拌和机的实物消耗量为:

人工
$$2 \times 6.2 = 12.4(工日)$$
柴油
$$55.32 \times 6.2 = 342.98(kg)$$
②液压锻钎机的实物消耗量为:
人工
$$2 \times 4.3 = 8.6(工日)$$
电
$$85.01 \times 4.3 = 365.54(kW \cdot h)$$

(3)定额抽换的依据

在编制概预算时,当设计采用的机械类别型号与定额表中规定的机械类别型号不一致时,可根据《机械台班费用定额》中的"定额基价"值进行抽换。

1.3 公路桥梁工程造价体系的形成及计价原则和依据

1.3.1 公路桥梁工程造价体系的形成

工程造价是指一个建设项目从立项开始到建成交付使用这一过程中预期花费或实际花费的全部费用,即该建设项目有计划地进行固定资产再生产,形成相应的铺地流动资金和其他资产的一次性费用总和。工程建设各环节的投资额测算工作为:投资估算→概算→施工图预算→招标控制价(合同价)→工程结算→竣工决算,构成了一个逐渐由粗到细,由不太准确到较准确,直至最终反映工程实际投资的造价体系。

1)投资估算

投资估算是指在整个投资决策过程中,根据有关资料和一定的方法对拟建工程项目的投资数额进行的估测计算。整个建设项目的投资估算总额是指建设项目从筹建、施工直至建成投产预期所需的全部建设费用。投资估算是项目建议书和工程可行性研究报告的重要组成部分,是设计方案比较、概算编制和施工测算的依据。

投资估算的主要作用如下:
①它是国家决定拟建项目是否继续进行研究的依据。
②它是国家审批项目建议书的依据。
③它是国家批准设计任务书、控制设计概算和整个过程造价最高限额的重要依据。
④它是国家编制投资计划、进行资金筹措及申请贷款的主要依据。
⑤它是国家编制中长期规划、保持合理比例和投资结构的重要依据。

根据投资估算的作用及内容深度的不同,公路工程投资估算分为项目建议书投资估算和工程可行性研究投资估算两大类,根据《公路工程基本建设项目投资估算编制方法》和《公路工程估算指标》进行编制。

2)概算

公路工程概算分为设计概算和修正概算。设计概算是指在初步设计阶段,结合初步设计文件和调研资料,在投资估算的基础上,对工程项目投资费用的测算。

修正概算是指在技术设计阶段,对初步设计成果作进一步修改、调整后,重新计算其工程投资额的经济文件。

概算是根据设计要求和相应的设计图纸,按照概算定额或预算定额和各项取费标准,以及建设地区的自然、技术、经济条件和设备预算价格等资料,估算建筑物、构筑物造价及设备安装费用的文件。它预先计算和确定建设项目从筹建到竣工验收、交付使用期间的全部建设费用,即建设项目的总成本,经批准后是基本建设项目投资最高限额。

概算的主要作用有:

①它是确定和控制建设项目、各单项工程及单位工程投资额的依据。
②它是编制投资计划的依据。
③它是进行拨款和贷款的依据。
④它是实行投资包干和招标承包的依据。
⑤它是考核设计方案的经济合理性和控制施工图预算的依据。
⑥它是基本建设项目进行核算和"三算"(设计概算、施工图预算、竣工决算)对比的基础。

3) 施工图预算

施工图预算是指在施工图设计阶段,结合施工图设计文件和调研资料,在概算的基础上,对工程项目投资费用的测算。

编制施工图预算时,要求有准确的工程数据资料,如详细的外业调查资料、施工图、设备报价等,要求精度较高。施工图预算必须以施工图图纸、说明书、施工组织设计(或施工方案)及编制预算的法令性文件为依据。施工图预算是批准投资、审核项目、进行投标报价和控制成本的基础。

施工图预算的主要作用如下:

①它是考核施工图设计进度和经济合理性的依据,也是落实或调整年度基本建设计划的依据。
②对于按施工图预算承包的工程,它是签订建筑安装工程合同,实行建设单位和施工单位投资包干及办理财务拨款、工程贷款和工程结算的依据。
③对于进行施工招标的工程,它是编制工程标底和承包人编制投标报价的重要依据。
④它是承包人加强经营管理、做好经济核算的基础。

施工图预算与设计概算都属于设计概预算的范畴,两者在费用的组成、编制表格、编制方法等方面基本相同。施工图预算应当按照已经批准的初步设计和概算进行,一般不允许突破。

4) 招标控制价(合同价)

招标控制价是指在工程招投标阶段,招标人根据国家或省级、行业建设主管部门颁发的有关计价依据和办法,以及拟定的招标文件和招标工程量清单,结合工程具体情况编制的招标工程的最高投标限价。

合同价是指在工程招投标阶段,承发包双方根据合同条款及有关规定,通过签订工程承包合同所计算和确定的拟建工程价格。

5) 工程结算

工程结算是指在项目建设过程中由于器材采购、劳务供应、施工单位已完工程点的移交和可行性研究、设计任务的完成等经济活动而引起的货币收支行为。正确、及时地组织项目结算,全面做好项目结算的各项工作,对于加速资金周转,加强经济核算,促进建设任务的完成,保证项目建设的顺利进行及加强对项目建设过程的财政信用监督等方面都有着十分重要的意义。

工程结算的主要内容包括货物结算、劳务供应结算、工程(费用)结算及其他货币资金结算等。工程结算的方式有按月结算、工后一起结算、分段结算、约定的其他结算方式。

6)竣工决算

竣工决算是指在建设项目完工后竣工验收阶段,由建设单位编制的从建设项目立项到建成投产的全部实际费用的技术经济文件。它全面反映了竣工项目从筹建到交付使用全过程各项资金的使用情况和设计概算的执行结果,是工程建设投资管理的重要环节,是工程竣工验收、交付使用的重要依据,是进行建设项目财务总结、银行对其实行监督的必要手段。

申报项目要编制投资估算,设计要编制设计概算和施工图预算,招标要编制标底,投标要编制报价,施工前要编制施工预算,施工过程中要进行工程结算,施工完成后要编制竣工决算,并且一般还要求决算不能超预算,预算不能超过概算,概算则不能超出估算允许的幅度范围,结算不能突破合同价的允许范围,合同价不能偏离报价与标底太多,而投标报价(指中标价)则不能超出标底规定的幅度范围,并且标底不允许超概算。

投资估算、概算、施工图预算、招标控制价、工程结算及竣工决算都是以价值形态贯穿于整个投资过程之中,从申请建设项目,确定和控制基本建设投资额,进行基本建设经济管理,施工单位进行经济核算,到最后以竣工决算形成的固定资产,构成了一个有机的整体,缺一不可。因此,在一定意义上说,它们是基本建设投资活动的血脉,是联结各子项目建设活动中各经济实体的纽带。

1.3.2 公路桥梁工程造价计价原则和依据

1)工程造价的计价原则

在建设的各个阶段,要合理地确定工程造价,为控制造价提供依据,应该遵循以下基本原则。

(1)工程计价要符合国家的相关规定

工程建设投资巨大,涉及国民经济的各个方面。因此,国家对投资规模、投资方向、投资机构等必须进行宏观调控。在编制工程造价过程中,应贯彻国家在工程建设方面的有关法规,使国家宏观调控政策得以实施。

(2)要保证计价依据的准确性

合理确定工程造价是工程造价管理的重要内容,而编制造价的基础数据的准确性则是合理确定工程造价的重要保证。为确保计价依据的准确性,应该注意以下几个方面:

①正确计算工程量,合理确定人工、材料、机械单价。工程量及人工、材料、机械单价的合理与否,直接影响造价中最为重要、最为基本的直接费的准确性,进而影响整个造价的准确性。

②正确选用建设工程定额。为适应建设各个阶段确定造价的需要,交通运输部颁发了公路工程估算指标、概算定额、预算定额等建设工程定额。在编制造价时,应根据建设阶段及编制办法的规定,合理选用定额,这样才能准确地编制各阶段造价。

③合理使用费用定额。在编制公路工程造价时,除直接费以外的其他多项取费,均按《公路工程基本建设项目投资估算编制办法》(JTG 3820—2018)或《公路工程基本建设项目概算预算编制办法》(JTG 3830—2018)中规定的计算方法及费率进行计算。各项费率应根据工程

的实际情况选取。

④要注意计价依据的时效性。计价依据是一定时期内社会生产力的反映,而生产力是不断向前发展的,当社会生产力向前发展了,计价依据就应该进行相应调整。因此,计价依据在具有稳定性的同时,也具有时效性。在编制造价时,应该注意不要使用过时或作废的计价依据,以保证造价的准确性、合理性。

(3)要将技术与经济相结合

同一项工程可能有多个设计方案、多个施工方案可供选择,不同方案消耗的资源是不同的,因而其造价也不相同。编制造价时,在考虑技术可行性的同时,应考虑各可行方案的经济合理性,可以通过技术比较、经济分析和效果评价来优选方案,确定造价。

2)工程造价的计价依据

工程造价的计价依据很多,主要有以下几个方面：

(1)与工程造价计价有关的经济法规、政策

这些经济法规、政策主要包括与建筑安装工程造价相关的、由国家规定的建筑安装工程营业税税率、城市建设维护税税率、教育费附加费率、与进口设备价格相关的设备进口关税税率、增值税税率、与工程建设其他费中土地补偿相关的国家对征用各类土地规定的各项补偿费标准等。

(2)编制办法

公路桥梁基本建设工程各个阶段计价的编制和取费应该依据国家颁布的费用编制办法进行。相关编制办法规定了工程建设项目在编制工程造价中除人工、材料、机械台班消耗以外的其他费用需要量计算的标准,包括直接费定额、措施费定额、规费定额、企业管理费定额等工程建设其他费用中各项指标和定额。

目前,公路概算和预算采用交通运输部2018年发布的《公路工程基本建设项目概算预算编制办法》(JTG 3830—2018),该办法自2019年5月1日起施行。

(3)建设工程定额

建设工程定额,是指在正常施工条件下,按照国家技术规程、施工规范(包括设计、施工、验收等技术规范)和计量评定标准,在合理的劳动组织、合理地使用材料和机械的条件下,完成单位合格建设工程产品所必须消耗的人力、物力及财力的数量标准,即完成单位合格产品所消耗的各种资源数量标准。它反映了某一时期的施工技术和工艺水平。在建筑材料、设计、施工及相关规范等没有突破性的变化之前,其具有相对的稳定性。

(4)设计图纸资料

在编制造价时,这类资料的作用主要表现在两个方面：一是提供计价的主要工程量,这部分工程量一般是从设计图纸中直接摘取;二是根据设计图纸提供合理的施工组织方案,确定造价编制中有关费用的基础数据,计算相应的辅助工程和辅助设施的费用。

(5)基础单价

基础单价是指工程建设中所消耗的劳动力、材料、机械台班及设备、工器具等单位价格的总称。

①劳动力的工日单价。劳动力的工日单价是指建筑安装生产工人日工资单价,由生产工人基本工资、津贴补贴、特殊情况下支付的工资组成,具体标准可按照标准办法、规定计算。

②材料单位价格。材料单位价格习惯上称为材料的预算价格,是指材料(包括原材料、构件、成品、半成品、燃料、电等)从其来源地(或交货地点)到达施工工地仓库后的出库价格。

③施工机械台班单价。施工机械台班单价是指列入概预算定额的施工机械按照相应的施工机械台班费用定额分析的单价。目前,公路施工机械台班费用定额采用交通运输部2018年发布的《公路工程机械台班费用定额》(JTG/T 3833—2018)。施工机械台班费用定额规定了机械台班中折旧费、大修理费、经常维修费、安装拆卸费标准及人工、燃油动力消耗等其他费用标准。

④设备费单价。设备费单价是指各种进口设备、国产标准设备和国产非标准设备从其来源地(或交货地点)到达施工工地仓库后的出库价格。

(6)施工组织计划

施工组织计划是对工程施工的时间、空间、资源所进行的全面规划和统筹安排,包括施工方案的确定、施工进度的安排、施工资源的计划和施工平面的布置等内容。以上这些内容均涉及造价编制中有关费用的计算,如对同一施工任务采用不同的施工方法,其工程费用会不相同;资源供应计划不同,施工现场的临时生产和生活设施就会不相同,相应的费用也会不相同;施工平面布置中堆场、拌和场的位置不同,则材料运距不相同,其运费也不相同。由此可见,施工组织计划是造价编制中不可忽略的重要计价依据之一。

(7)工程量计算规则

工程量计算规则规定了工程量的计算方法和计算范围。在公路工程中,工程量计算规则放在工程定额的说明中。若采用工程量清单编制概预算,其工程量计算规则应依据工程量清单计价指南中的规定执行,具体内容见后续章节。公路工程设计文件中列有各分部、分项工程的工程量,在编制造价时,应对设计文件中提供的工程量进行复核,检查是否符合工程量计算规则,否则应按工程量计算规则进行调整。

(8)其他资料

其他资料包括有关合同、协议及使用到的其他一些资料,如某种型号钢筋的每米质量、土地平整中土体体积计算时的棱台公式、标准构件的尺寸等,需要从一些工具书或标准图集中查阅。

1.3.3 公路桥梁工程造价现状与总体变化趋势

1)公路桥梁工程现阶段造价水平

随着我国经济水平的不断发展,公路桥梁工程造价也逐渐呈现一个不断变化的趋势。现阶段全国高速公路造价指标为11478万元/km。

①按车道数分析:四车道为10694万元/km,六车道为16564万元/km。

②按桥隧占比分析:桥隧比30%以下为9630万元/km;桥隧比30%~50%为12787万元/km;桥隧比50%~70%为16214万元/km;桥隧比70%以上为17876元/km。

③按公路等级来分析:全国一级公路平均造价为4626万元/km;二级公路平均造价为1532万元/km。

④按所处区域分析:东部地区为12704万元/km;中部地区为9043万元/km;西部地区为11671万元/km。其中,区域因素影响工程造价的同时,各省市高速公路造价水平相差也较大。造价最高的地区是江浙一带经济发达地区,其中浙江19378万元/km,江苏为18224万元/km;造价最低的地区是黑龙江、内蒙古、新疆等北方地形相对平坦地区,其中黑龙江约4500万元/km,内蒙古约5000万元/km,新疆约6000万元/km。

公路造价常用分项指标和现阶段全国各省公路造价水平一览表见附录E。

2）公路桥梁工程造价总体变化趋势

全国高速公路平均每公里造价从2007年的6317万元/km上涨至2017年的11478万元/km,10年间上涨82%,年均复合增长率为6.2%。全国各地公路造价普遍呈现逐年上涨趋势。从2007年至2017年10年间,广西高速公路每公路造价指标涨幅高达262%,不少省份上涨100%左右,如黑龙江、山东、安徽、浙江、四川等。江苏省高速公路每5年平均增长率约为68.38%,一级公路每5年平均增长率约为44.12%,二级公路每5年平均增长率约为55.68%。

3）公路桥梁工程造价变化原因分析

影响公路造价变化的原因很多,主要有：

①在人工单价方面。大量省份在2007年至2017年10年间上涨了3倍,近年增幅30%,占公路造价增长量的5%。浙江省部分人工达到了180元/工日,在公路造价增量中占比达到了15%。

②征地拆迁补偿方面。土地政策变动,各省征地拆迁补偿费大幅增长。云南省2013年后竣工和在建的高速公路征地拆迁费相比前5年增长了360%;重庆市从2014年后征地补偿标准主城区增幅最高达150%,近郊区县增幅最高达130%,远郊区县增幅最高达70%,征地拆迁补偿费标准的上调导致高速公路总造价大幅上涨;浙江省征地拆迁补偿费涨幅在公路造价涨幅中占比高达33%~45%。

③材料价格方面。全国各地建筑材料均普遍上涨,从2007年至2017年10年间,多省中(粗)砂价格上涨超过100%,碎石价格上涨超过200%。"十三五"期间,海南省砂石材料短缺情况严重,近3年中(粗)砂价格上涨幅度超过140%,湖北、福建、青海等省涨幅也超过90%。因环境保护意识增强,采石场整治效果明显,砂、石材料开采受限,青海、山东等地砂石材料涨幅很大,近3年青海碎石材料价格涨幅超过140%,山东涨幅100%。

④其他重要因素影响。

a. 公路建设环境条件发生改变,工程复杂程度大幅度提高。

一方面是可供选择的条件较好的公路走廊带越来越少,另一方面是公路建设深入山区,甚至深入高寒、高海拔、高地震应力地区,地形、地质条件复杂,桥隧比大幅增加,且运输条件差,施工措施高。同时,山区往往也是生态环境敏感区、脆弱区,对工程方案、施工措施、环境保护与恢复等都有更高要求。

以四川省二级公路造价指标来看,2014年二级公路平均桥隧比2.42%,每公里造价899万元,2017年二级公路平均桥隧比42.52%,每公里造价高达4165万元,除开物价上涨因素外,可见近年来桥隧比大幅提高对造价的影响很大。

从获得数据的26个省近3年取得初设批复的216个高速公路建设项目来看,桥隧比超过50%有60个项目,共约3982km,累计设计概算约6368亿元,平均每公里造价达到1.6亿元;主要集中在贵州、四川、陕西等西部山区,此外还有湖北和浙江。其中,有14个项目共约733.6km桥隧比超过75%,设计概算总造价约1509.5亿元,平均每公里造价2.06亿元。

b. 立交数量增多、规模增大、间距加密,引起公路造价增加较多。

伴随经济发展和城镇化进程,为了带动公路沿线区域的经济发展,满足地方群众出行要求,高速公路互通设置间距不断缩小;由于公路网络不断加密,新建或改造立交数量多,需要满足功能要求的立交规模增大。

本章小结

本章主要介绍了公路桥梁工程建设的内容、特点、项目划分以及其基本建设程序;介绍了公路桥梁概预算定额的概念,并分别讲述了概算定额、预算定额以及机械台班费用定额的内容及运用;对于公路桥梁造价体系的形成以及计价原则和依据做了具体介绍。

课后习题

1. 路桥基本建设的内容包括哪些?
2. 简述路桥基本建设程序。
3. 定额的含义是什么?定额具有什么特性和作用?
4. 在引用概预算定额时,如何对定额进行编号?
5. 在什么情况下需要进行定额抽换?
6. 简述机械台班费用定额的含义以及机械台班费用定额组成。
7. 公路造价体系包括哪些部分?有哪些计价原则和依据?
8. 水泥混凝土路面厚度为25cm,采用滑模摊铺机铺筑,试确定其概算定额值。
9. 采用10t载货汽车运输料石,运距为3.5km,人工装卸,试确定其预算定额值。
10. 某路基工程用$10m^3$以内自行式铲运机铲运硬土,平均运距600m,重车上坡坡度15%,试确定该铲运机铲运土方的预算定额。

第 2 章 公路桥梁工程概预算编制

课 前 导 读

【基本要求】 了解公路桥梁工程概预算编制依据、概预算项目、概预算文件组成;熟悉公路桥梁工程概预算费用的组成、概预算费用的计算方法;掌握建筑安装工程费、工程建设其他费、预备费的计算及编制。

【本章重点】 概预算费用的组成、概预算项目、概预算文件组成,建筑安装工程费的各项费用组成及相应计算程序,概预算文件的编制步骤。

【本章难点】 概预算费用的计算、概预算文件的编制。

2.1 概 述

2.1.1 公路桥梁工程概预算编制依据

概算、预算编制前应熟悉工程项目的基础资料,了解项目所在地的基本情况。编制的主要依据如下。

(1)工程项目建设的有关批文

工程项目建设必须遵循基本建设程序,上一环节的批文是开展下一阶段工作的基础。

(2)设计图纸和施工组织设计资料

设计图纸和施工组织设计资料是指导施工的指令性文件。图纸全面反映了工程项目的形式、内容、地质状况、结构尺寸和施工技术要求,是确定工程数量的主要依据。施工组织设计资料确定了工程项目的施工方案、施工期限和施工方法,是计算有关费用,套用相应定额的依据。

(3)编制办法和定额等行业标准

概预算必须按照交通运输部发布的《公路工程基本建设项目概算预算编制办法》(JTG 3830—2018),《公路工程概算定额》(JTG/T 3831—2018)、《公路工程预算定额》(JTG/T 3832—2018)以及《公路工程机械台班费用定额》(JTG/T 3833—2018)等标准进行编制。

(4)征地拆迁

调查了解项目所在地的工程建设征用和租用土地的补偿标准以及相关税费的征收规定。

搜集项目建设所需征地拆迁的原始数据。

(5)自然条件

项目所在地的沿线地形、地质、水文和气候等影响工程项目建设的自然因素。

(6)社会条件

项目所在地的政治、历史、区情、风俗等影响工程项目建设的社会因素。

(7)当地物资、劳务、动力、社会运力等供应情况。

本着因地制宜、就地取材的原则,对当地技术物资、生活物资、劳动力、用水、用电、运输方式、运输能力和运输费用等进行深入的调查了解。

(8)沿线设施及其他

如旧有建筑物的拆迁,沿线文物,管线交叉等。与水利、电信、铁路的干扰及解决措施,清除场地、管理养护及服务设施。

2.1.2 公路桥梁工程概预算项目

公路工程概预算项目应按项目表的序列及内容进行编制。公路工程概预算项目主要包括以下内容:

第一部分　建筑安装工程
　第一项　临时工程
　第二项　路基工程
　第三项　路面工程
　第四项　桥梁涵洞工程
　第五项　隧道工程
　第六项　交叉工程
　第七项　交通工程及沿线设施
　第八项　绿色及环境保护工程
　第九项　其他工程
　第十项　专项费用
　　1.施工场地建设费
　　2.安全生产费
第二部分　土地使用及拆迁补偿费
第三部分　工程建设其他费
第四部分　预备费
第五部分　建设期贷款利息

2.1.3 公路桥梁工程概预算文件组成

概预算文件由封面、扉页、目录、编制说明及全部计算表格组成。

1)封面及目录

概预算文件的封面和扉页应按现行《公路工程基本建设项目设计文件编制办法》中的规定制作,扉页的次页应有建设项目名称,编制单位,编制、复核人员姓名并加盖执业(从业)资格印章,编制日期及第几册共几册等内容。目录应按概、预算表格的表号顺序编排。

2) 概预算编制说明

概预算编制完成后,应写出编制说明,文字力求简明扼要。叙述内容一般有:

①建设项目设计资料的依据及有关文号,如建设项目可行性研究报告文号、初步设计和概算批准文号(编制修正概算及预算时),以及根据何时的测设资料及比选方案进行编制等。

②采用的定额、费用标准,人工、材料、机械台班单价的依据或来源,补充定额及编制依据的详细说明。

③与概预算有关的委托书、协议书、会谈纪要等主要内容(或将抄件附后)。

④总概预算金额,人工、钢材、水泥、沥青、木料的总需要量情况,各设计方案的经济比较,以及编制中存在的问题。

⑤其他与概预算有关但不能在表格中反映的事项。

3) 概预算表格

公路工程概预算应按统一的概预算表格计算。概预算表格是一个有机的整体,互相联系,共同反映工程的费用。各表格的相互关系,如图 2-1 所示。

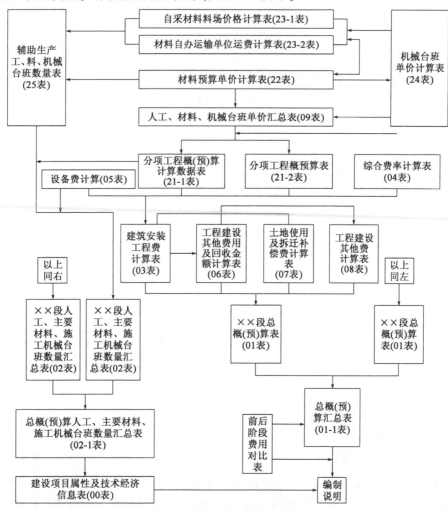

图 2-1 各种表格的计算顺序和相互关系图

4）甲组文件和乙组文件

概预算文件按不同的需要分为两组，甲组文件为各项费用计算表；乙组文件为建筑安装工程费各项基础数据计算表，只供审批使用。

甲乙两组文件包括的内容如图 2-2 所示。

甲组文件：
- 编制说明
- 前后阶段费用对比表
- 建设项目属性及技术经济信息表（00 表）
- 总概（预）算汇总表（01-1 表）
- 总概（预）算人工、主要材料、机械台班数量汇总表（02-1 表）
- 概（预）算表（01 表）
- 人工、主要材料、机械台班数量汇总表（02 表）
- 建筑安装工程费计算表（03 表）
- 综合费率计算表（04 表）
- 综合费用计算表（04-1 表）
- 设备费计算表（05 表）
- 专项费用计算表（06 表）
- 土地使用及拆迁补偿费计算表（07 表）
- 工程建设其他费计算表（08 表）
- 人工、材料、施工机械台班单价汇总表（09 表）

乙组文件：
- 分项工程概（预）算计算数据表（21-1 表）
- 分项工程概（预）算表（21-2 表）
- 材料预算单价计算表（22 表）
- 自采材料料场价格计算表（23-1 表）
- 材料自办运输单位运费计算表（23-2 表）
- 机械台班单价计算表（24 表）
- 辅助生产工、料、机械台班单价数量表（25 表）

图 2-2　甲、乙组文件组成

2.1.4　公路桥梁工程概预算费用组成

根据《公路工程建设项目概算预算编制办法》（JTG 3830—2018）的规定，公路工程概预算费用由建筑安装工程费、土地使用及拆迁补偿费、工程建设其他费、预备费和建设期贷款利息共 5 个部分费用组成，如图 2-3 所示。

2.1.5　公路桥梁工程概预算编制程序

1）概预算文件编制流程

概预算文件的编制是一项十分严肃的工作，编制质量的高低及各项计算的准确与否，直接影响国家的经济利益。为了确保概预算文件的编制质量，必须根据工程概预算内在的规律和国家的有关规定，按一定的程序编制。概预算编制的基本程序如图 2-4 所示。

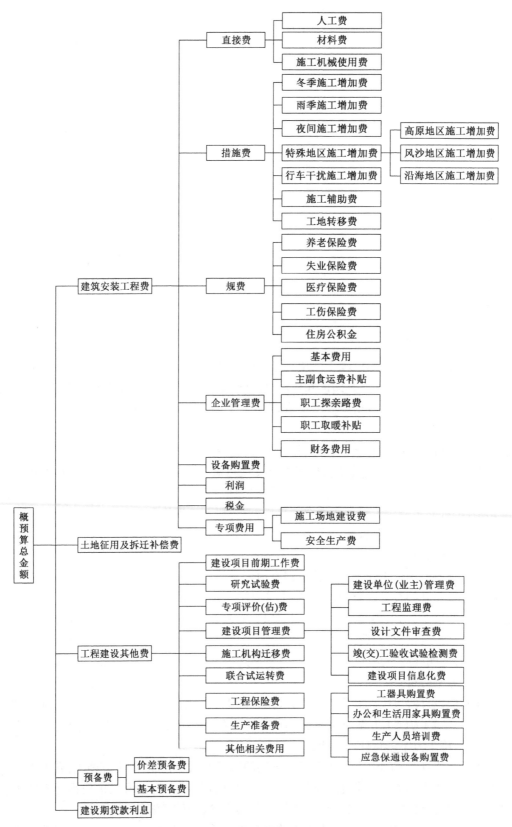

图 2-3 概算、预算费用的组成

41

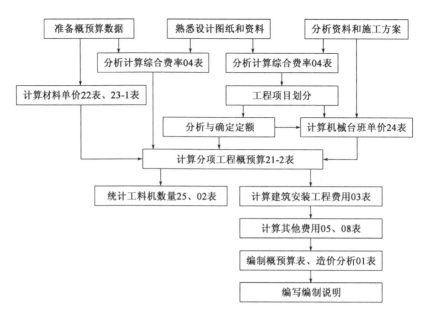

图 2-4 概预算文件编制流程

(1)熟悉设计图纸和资料

编制设计概算、修正概算、施工图预算等文件前,应对相应的初步设计、技术设计和施工图设计内容进行检查和整理,认真阅读和核对设计图纸及其有关表格,如工程一览表、工程数量表等。若图纸中所用材料规格或要求不清时,要核对查实。

(2)准备概预算资料

概预算资料包括概预算表格、定额和有关文件。在编制概预算前,应将《公路工程基本建设项目设计文件编制办法》《公路工程基本建设项目概算预算编制办法》《公路基本建设工程概算、预算编制办法的补充规定》等准备好,同时也应将《公路工程概算定额》《公路工程预算定额》及各类补充定额等资料准备齐全。最后,要将概预算表格备齐。

(3)分析外业调查资料及施工方案

①概预算调查资料。

概预算资料的调查工作是一项关系到概预算文件质量的基础工作,一般与公路工程外业勘察同时进行。其调查的内容很广,原则上凡对施工生产有影响的一切因素都必须调查,主要是筑路材料的来源(沿线料场及有无自采材料),材料运输方式及运距,运费标准,占用土地的补偿费、安置费及拆迁补偿费,沿线可利用的房屋及劳动力供应情况等。对这些调查资料应进行分析,若有不明确或不全面的部分,应另行调查,以保证概预算的准确和合理。

②施工方案分析。

对于相应设计阶段配套的施工组织设计文件(尤其是施工方案)应认真分析其可行性、合理性、经济性。因为施工方案将直接影响概预算金额的高低和定额的查用,因此编制概预算时,重点应对施工方案进行认真分析。

a. 施工方法:同一工程内容,可以采用不同的施工方法来完成,如土方施工,有人工挖土方和机械挖土方两种方法;钢筋混凝土工程既可以采用现浇施工,也可以采用预制安装等。因此,应根据工程设计的意图和要求同工程实际相结合,选择最经济的施工方法。

b. 施工机械:施工机械的选择也将直接影响施工费用,因此,应根据选定的施工方法选配相应的施工机械,如挖填土方,既可以采用铲运机,又可以采用挖掘机配合自卸汽车;又如混凝土预制构件安装,也可采用多种机械施工等。

c. 工期:同一工程项目如果施工工期不同,预算造价将有很大差别。施工工期对概预算的影响主要有三个方面:一是施工工期的不同,施工方法的选择将不同;二是施工工期不同,编制预算时,辅助工程与临时工程的数量将不同,如大型桥梁上部结构安装,要根据工期的长短合理配备吊装设备的数量;三是施工工期的不同,与工期有关的费用计算将不同,如建设期贷款利息、价差预备费等。

d. 辅助工程与临时工程:按交通运输部定额站的统计,辅助工程与临时工程在一般公路工程项目中占工程造价的比重约为20%。辅助工程与临时工程对概预算的影响主要有两个方面:一方面是辅助工程与临时工程的数量的多少直接影响概预算工程造价;另一方面是辅助工程与临时工程的位置不同,将影响原材料与半成品的运距,如沥青混凝土拌和站的位置不同,则沥青、碎石等原材料的运距就不同,沥青混凝土半成品的运距也不同。

(4) 分项

公路工程概预算是以分项工程概预算表为基础计算和汇总而来的,所以工程分项是概预算工作中的一项重要基础工作。一般公路工程分项时必须满足概预算项目表、定额及费率的要求,分项应该尽量做到不重不漏,使概预算的编制准确合理。

①按照概预算项目表的要求分项,这是基本要求。概预算项目表实质上是将一个复杂的建设项目分解成许多分项工程的一种科学划分方法。

②符合定额项目表的要求。定额项目表是定额的主体内容,分项后的分项工程必须能够在定额项目表中直接查到。

③符合费率表的要求。其他工程费和间接费都是按不同工程类别确定的费用定额,因此,所分的项目应满足其要求。

按上面三个方面的要求分项后,便可将工程细目一一引出并填入21-2表中。

(5) 计算工程量

在编制概预算时,应对各分项工程按工程量计算规则进行计算。一是对设计中已有工程量进行核对;二是对设计文件中缺少或未列的工程量进行补充计算,计算时应注意计量单位和计算规则与定额的计量单位及计算规则一致。将算得的分项工程量填入21-2表中。

(6) 查定额

概预算定额就是以分项工程为对象,统一规定完成一定计量单位分项工程所需的人工、材料、机械台班消耗数量。分项工程一般是按照选用的施工方法,所使用的材料、结构构件规格等因素划分。经较为简单的施工过程就能完成,以适当的计量单位就可以计算工程量及其单价的建筑安装工程产品,它是建设项目最基本的组成要素。因此,根据分项所得的工程细目(分项工程)即可从定额中查出相应的人工、材料、施工机械的名称、单位及消耗量定额值。查出各分项工程的定额,并将查得的定额值及定额号分别填入21-2表的有关栏目,再将各分项工程的实际工程换算的定额工程数量乘以相应的定额即可得出各分项工程的工料机资源消耗量,填入21-2表的数量栏中。

(7) 基础单价的计算

编制概预算的另一项重要工作便是确定基础单价。基础单价是人工工日单价、材料预算单价和施工机械台班单价的统称。定额中除小额零星材料及小型机具用货币指标表示外,其他均是资源消耗的实物指标。要以货币来表现消耗,就必须计算各种资源的单价。公路工程概预算的基础单价通过材料预算单价计算表(22表)、自采材料料场价格计算表(23-1表)和机械台班单价计算表(24表)来计算。

①根据21-2表中所出现的材料种类、规格及机械作业所需的燃料和水电编制22表。

②根据21-2表中所出现的自采材料种类、规格,按照外业调查资料编制23-1表,并将计算结果汇入22表的材料原价栏中。

③根据21-2表、23-1表中所出现的所有机械种类和22表中自办运输的机械种类,计算所有机械的台班单价,即编制24表。

④根据地方规定的资料确定人工工日单价。

⑤将上面4项所算得的各基础单价汇总,编制人工、材料、机械台班单价汇总表(09表)。

(8)计算分项工程的直接费和间接费

有了各分项工程的资源消耗数量及基础单价,便可计算其直接费和间接费。

①将09表的单价填入21表中的单价栏,由单价与数量相乘得出人工费、材料费、机械使用费,并可算得工、料、机合计费用,即直接工程费。

②根据工程类别和工程所在地区,取定各项费率并计算其他工程费费率和间接费费率,即编制04表。

③将04表中各费率填入21-2表中的相应栏目,并以直接工程费为基数计算其他工程费和间接费。

④在21-2表中计算直接费和间接费。

(9)计算建筑安装工程费

根据直接费、措施费、企业管理费、规费、设备购置费和专项费用的计算结果,计算利润和税金。建筑安装工程费通过03表计算。

①将21表中各分项工程的直接费、措施费、企业管理费、规费、设备购置费和专项费用按工程(单位工程)汇总填入03表中的相应栏目。

②按要求确定计划利润、税金的百分率,并填入03表的有关栏目。

③以定额直接费为基数计算施工技术装备费、计划利润和税金。

④合计各单位工程的直接费、措施费、企业管理费、规费、设备购置费、专项费用、计划利润和税金,得到各单位工程的建筑安装工程费,总计各单位工程的建安费,得到工程项目的建筑安装工程费。

(10)实物指标计算

根据各分项工程的工料机实物消耗量。考虑冬期、雨期和夜间施工增工百分率、辅助生产、临时用工及场外运输损耗率等统计实物消耗指标,可通过02表的计算完成。

①将22表和23-1表中的人工、材料、机械消耗量汇总编制辅助生产工、料、机单位数量表(25表)。

②汇总21表中人工、主要材料、机械台班数量。

③计算各种增工数量。

④合计上述①、②、③项中的各项数据得出工程概预算的实物数量,即得到02表。

(11)计算其他有关费用

按规定计算土地使用及拆迁补偿费、工程建设其他费、预备费和建设期贷款利息及回收金额,及编制05表和06表。

(12)编制总概预算表并进行造价分析

①编制总概预算表:将 03 表、05 表、08 表中的各项填入 01 表中相应栏目,并计算各项技术经济指标。

②造价分析:根据总金额、各单位工程或分项工程的费用比值和各项技术经济指标进行全面分析,对设计提出修改建议和从经济角度对设计是否合理予以评价,找出挖潜措施。

(13)编制综合概预算

根据建设项目要求,当分段或分部编制 01 表和 02 表时,需要汇总编制综合概预算。

①汇总各种概预算表,编制"总概(预)算汇总表"(01-1 表)。

②汇总各段的 02 表编制"全概(预)算人工、主要材料、机械台班数量汇总表"(02-1 表)。

(14)编制说明

概预算表格计算并编制完成后,必须编制概预算说明,主要说明概预算编制依据,编制中存在的问题,工程总造价的货币和实物量指标及其他与概预算有关但不能在表格中反映的事项。

(15)复核与审核

复核,就是指负责编制概预算的单位,在概预算编制完成或某些计算表业已计算好后,由本单位另外的具有公路工程造价执业资格的人员对所编制的工程造价内容及计算情况进行一次全面的检查核对,发现差错及时进行改正,提高概预算的准确性。审核是指概预算文件经编制和复核的环节后,提交给概预算主管部门人员进行检查核对,使工程概预算文件符合规定,合理可靠。

①复核的注意要点。

a.计算的各项计价工程量是否符合工程概预算的要求,分部分项工程的划分是否符合规定,有无漏项和重复计列情况。

b.拟订的施工组织设计或施工方案是否合理可行,机械的选型配套是否能满足建设工程的技术要求,且经济合理和切合实际。

c.人工、材料、机械台班预算价格所采用的计算依据、原则和方法,是否符合规定,计算过程有无错误。

d.其他工程费、间接费综合费率中各项费率的取定是否符合中央和地方的有关规定,取定的综合费率是否正确。

e.分项工程概(预)算表,按分部分项套用定额是否符合规定,计量单位或小数位置是否错误。定额规定可以抽换或可增计的系数和数量是否按规定执行,有无多计或少计情况。结合实际情况,对这些计算表要逐项进行必要的核算,以检查其计算是否有错误。

f.对建设工程其他费用和设备、工具、器具购置费的计算,要核对各种计算依据是否符合规定,数量要有依据,防止高估冒算。

g.凡根据施工组织设计或施工方案提供或凭经验确定的辅助工程的数量是否符合规定和符合建设工程的实际情况,对其计算环节均应进行必要的复核。

h.补充定额的编制是否先进合理可靠且符合定额的编制原则。

i.总概预算表与相关的各种计算表的相应数据是否一致,散、总是否相符。

j.编制说明的内容是否与采用的各种计算依据一致,有无与建设项目实际情况不符之处或遗漏内容等。

②审核的主要内容。

a.总体施工部署是否合理可行,施工机械的选型配套是否经济合理。

b. 根据设计图纸资料和施工组织设计或施工方案,对计算的各种分部分项的计价工程量是否符合计价定额的规定与工程概预算编制办法的有关规定,选用定额是否正确,有无漏项或重列情况。

c. 审核取定的各种费率标准和采用的计算基数是否与国家有关规定或建设工程的实际情况,以及建设主管部门或委托单位的规定与要求相符。

d. 对编制的补充定额,要检查编制的依据、原则和方法是否符合规定,定额水平是否先进合理。

e. 检查工程概预算文件的各种计算表格是否符合规定、齐全,分部分项造价数据及总费用的汇总有无差错等。

f. 审阅编制说明内容、文字有无不当之处。

概预算编制中应注意的事项很多,下面只简要说明几个主要方面:

①注意表格之间的内在联系,理清其交叉关系。

概预算表格是一个有机的整体,相互联系、相互补充,通过这些表格反映整个工程的资源消耗,因此应熟练掌握各表格之间的内在联系。各表之间的关系如图 2-1 所示。特别是其中的 09 表、22 表、23-1 表、23-2 表、24 表 5 个表格,在编制时交叉进行,需要特别注意。如 23-1 表中出现的外购材料单价及 24 表中出现的动力燃料单价通过 22 表计算,但要注意其运料终点是"料场"还是"工地料库"等。22 表中出现的自办运输台班单价和 23-1 表中出现的机械台班单价通过 24 表计算。

②21 表的"工程名称"(01 表中"项"的名称)要按项目填列,应注意将费率相同的各"目"填列于一张表中,以便于小计。

③注意各取费费率适用范围的说明,如无路面的便道工程属于土方,有路面的便道工程属于路面等。

④使用定额时,一定要注意其小注和章、节说明等,如所有材料的运输及装卸定额中均未包括堆、码方工日等。

⑤编制中应注意公路工程概(预)算的工程费用中属非公路专业的工程,应执行有关专业部的直接费定额和相应的间接费定额。一般工业与民用建筑应执行所在地的地区统一直接费定额和相应的间接费定额,但其他费用应按公路工程其他费用项目划分及计算办法编制。

2) 概预算费用计算程序

公路工程建设各项费用的计算程序及计算方式见表 2-1。

公路工程建设各项费用的计算程序及计算方式　　表 2-1

序号	项 目	说明及计算式
(一)	定额直接费	∑人工消耗量×人工基价 + ∑(材料消耗量×材料基价 + 机械台班消耗量×机械台班基价)
(二)	定额设备购置费	∑设备购置数量×设备基价
(三)	直接费	∑人工消耗量×人工单价 + ∑(材料消耗量×材料预算单价 + 机械台班消耗量×机械台班预算单价)
(四)	设备购置费	∑设备购置数量×预算单价
(五)	措施费	(一)×施工辅助费费率 + 定额人工费和定额施工机械使用费之和×其余措施费费综合率

续上表

序号	项　目	说明及计算式
(六)	企业管理费	(一)×企业管理费综合费率
(七)	规费	各类工程人工费(含施工机械人工费)×规费综合费率
(八)	利润	[(一)+(五)+(六)]×利润率
(九)	税金	[(三)+(四)+(五)+(六)+(七)+(八)]×10%
(十)	专项费用	
	施工场地建设费	[(一)+(五)+(六)+(七)+(八)+(九)]×累进费率
	安全生产费	建筑安装工程费(不含安全生产费本身)×(≥1.5%)
(十一)	定额建筑安装工程费	(一)+(二)×40%+(五)+(六)+(七)+(八)+(九)+(十)
(十二)	建筑安装工程费	(三)+(四)+(五)+(六)+(七)+(八)+(九)+(十)
(十三)	土地使用及拆迁补偿费	按规定计算
(十四)	工程建设其他费	
	建设项目管理费	
	建设单位(业主)管理费	(十一)×累进费率
	建设项目信息化费	(十一)×累进费率
	工程监理费	(十一)×累进费率
	设计文件审查费	(十一)×累进费率
	竣(交)工验收试验检测费	按规定计算
	研究试验费	
	建设项目前期工作费	(十一)×累进费率
	专项评价(估)费	按规定计算
	联合试运转费	(十一)×费率
	生产准备费	
	工具器购置费	按规定计算
	办公和生活用家具购置费	按规定计算
	生产人员培训费	按规定计算
	应急保通设备购置费	
	工程保通管理费	按规定计算
	工程保险费	[(十二)-(四)]×费率
	其他相关费用	
(十五)	预备费	
	基本预备费	[(十二)+(十三)+(十四)]×费率
	价差预备费	(十二)×费率
(十六)	建设期贷款利息	按实际贷款额度及利率计算
(十七)	公路基本造价	(十二)+(十三)+(十四)+(十五)+(十六)

2.2 建筑安装工程费

建筑安装工程费包括直接费、设备购置费、措施费、企业管理费、规费、利润、税金和专项费用。建筑安装工程费除专项费用外,其他均按"价税分离"计价规则计算,即各项费用均以不含增值税可抵扣进项税额的价格(费率)进行计算,具体要素价格适用增值税税率执行财税部门的相关规定。定额建筑安装工程费包括定额直接费、定额设备购置费的40%、措施费、企业管理费、规费、利润、税金和专项费用,定额直接费包括定额人工费、定额材料费、定额施工机械使用费。

定额人工费、定额材料费、定额施工机械使用费以及定额设备购置费均按《公路工程预算定额》(JTG/T 3832—2018)附录四"定额人工、材料、设备单价表"及《公路工程机械台班费用定额》(JTG/T 3833—2018)中规定的人工、材料、设备、机械的相应基价计算的定额费用。

2.2.1 直 接 费

直接费是指施工过程中耗费的构成工程实体和有助于工程形成的各项费用,包括人工费、材料费、施工机械使用费。直接费是建筑安装工程费的主体部分,它的高低直接决定了工程造价的高低。而直接费的多少取决于设计质量施工方法概(预)算定额、工程所在地的人工工日单价、材料预算单价、机械台班单价以及工程所在地的其他工程费的费率等因素。

1)人工费

人工费是指列入概预算定额的直接从事建筑安装工程施工的生产工人开支的各项费用。其人工费内容包括以下方面。

①计时工资或计件工资:指按计时工资标准和工作时间或对已做工作按计件单价支付给个人的劳动报酬。

②津贴、补贴:指为了补偿职工特殊或额外的劳动消耗和因其他特殊原因支付给个人的津贴,以及为了保证职工工资水平不受物价影响支付给个人的物价补贴。如流动施工津贴、特殊地区施工津贴、高温(寒)作业临时津贴、高空津贴等。

③特殊情况下支付的工资:指根据国家法律、法规和政策规定,因病、工伤、产假、计划生育假、婚丧假、事假、探亲假、定期休假、停工学习、执行国家或社会义务等原因按计时工资标准或计时工资标准的一定比例支付的工资。

人工费以概算、预算定额人工工日数乘以综合工日单价计算。

人工费标准按照本地区公路建设项目的人工工资统计情况以及公路建设劳务市场情况进行综合分析、确定人工工日单价。人工工日单价由省级交通运输主管部门制定发布,并适时进行动态调整。人工工日单价仅作为编制概算、预算的依据,不作为施工企业实发工资的依据。

从目前发布全国的各省市区29个地方的"人工工日单"对比分析可得,全国大多数省份,都在部颁106.28元/工日左右浮动;同时,有一部分省份的人工单价浮动幅度较大,部分省份地区的人工单价与本省的经济发展呈一定的正向分布变化,个别省份略低或略高,这跟不同省份的经济、政策或其他相关因素影响有关。

人工费单价最高的主要是西藏、新疆和青海,浮动区间在130~200元/工日左右,变化幅度大。西藏最高,四类地区202.05元/工日,二类地区也达到174.48元/工日;新疆第二,四类地区高达161.03元/工日,最低二类地区也有133.67元/工日;第三为青海,最高西宁市、海东市149元/工日,最低果洛州、玉树州也有128元/工日。接着,主要是北京、西南、华东、华南等部分省份,比如四川、广东、浙江、江苏等,浮动区间120~150元/工日左右,几个省份之间浮动幅度不大。上海没有具体发布人工单价,参照该市建设工程造价信息平台发布的公路信息价格计算。北京按120~130元/工日参照执行,江苏全省128.17元/工日,浙江全省127元/工日。另外几个省份,则在110~120元/工日的区间范围内,湖北全省110.07元/工日;山东全省111.23元/工日;福建全省112元/工日;海南全省115元/工日。其他大多数省份或自治区,一般全省规定同一个人工工日单价,都是在部颁全国106.28元/工日的水平左右,基本100~110元/工日区间内,浮动幅度较小。江西的三级人工单价最低,为86.42元/工日,云南二类工程90.18元/工日,黑龙江绥化为95.39元/工日。

2)材料费

材料费指施工过程中耗用的构成工程实体的原材料、辅助材料、构配件、零件、半成品或成品算,按工程所在地的材料价格计算的费用。

材料预算价格由材料原价、运杂费、场外运输损耗、采购及保管费组成。

$$材料预算价格 = (材料原价 + 运杂费) \times (1 + 场外运输损耗率) \times$$
$$(1 + 采购及保管费率) - 包装品回收价值 \tag{2-1}$$

①各种材料原价按下列规定计算:

a.外购材料:外购材料价格参照本行政区域内交通运输主管部门发布的价格和按调查的市场价格进行综合取定。

b.自采材料:自采的砂、石、黏土等自采材料,按定额中开采单价加辅助生产间接费和矿产资源税(如有)计算。

②运杂是指材料自供应地点至工地仓库(施工地点存放材料的地方)的费用,包括装卸费、运费,如果发生,还应计囤存费及其他杂费(如过磅、标签、支撑加固、路桥通行等费用)。

a.通过铁路、水路和公路运输的材料,按调查的市场运价计算运费。

b.一种材料当有两个以上的供应点时,应根据不同的运距、运量、运价采用加权平均的方法计算运费。由于概算、预算定额中已考虑了工地运输便道的特点,以及定额中已计入了"工地小搬运"的费用,因此汽车运输平均运距中不得乘调整系数,也不得在工地仓库或堆料场之外再加场内运距或二次倒运的运距。

c.有容器或包装的材料及长大轻浮材料,应按表2-2规定的毛质量计算。桶装沥青、汽油、柴油按每吨摊销一个旧汽油桶计算包装费(不计回收)。

材料毛重系数及单位毛重 表2-2

材料名称	单位	毛重系数(%)	单位毛重
爆破材料	t	1.35	—
水泥、块状沥青	t	1.01	—
铁钉、铁件、焊条	t	1.10	—
液体沥青、液体燃料、水	t	桶装为1.17,油罐车装为1.00	—
木料	m³	—	原木0.750t,锯材0.650t
草袋	个	—	0.004t

③场外运输损耗指有些材料在正常的运输过程中发生的损耗。材料场外运输操作损耗率见表2-3。

材料场外运输损耗率(单位:%) 表2-3

材料名称		场外运输(包括一次装卸)	每增加一次装卸
块状沥青		0.5	0.2
石屑、碎砾石、砂砾、煤渣、工业废渣、煤		1.0	0.4
砖、瓦、桶装沥青、石灰、黏土		3.0	1.0
草皮		7.0	3.0
水泥(袋装、散装)		1.0	0.4
砂	一般地区	2.5	1.0
	多风地区	5.0	2.0

注:汽车运水泥,当运距超过500km时,袋装水泥损耗率增加0.5个百分点。

④采购及保管费:

a. 材料采购及保管费指在组织采购、保管过程中,所需的各项费用及工地仓库的材料储存损耗。

b. 材料采购及保管费,以材料的原价加运杂费及场外运输损耗的合计数为基数,乘以采购及保管费费率计算。

c. 钢材的采购及保管费费率为0.75%。燃料、爆破材料为3.26%,其余材料为2.06%。商品水泥混凝土、沥青混合料和各类稳定土混合料、外购的构件、成品及半成品的预算价格计算方法与材料相同。商品水泥混凝土、沥青混合料和各类稳定法土混合料不计采购及保管费,外购的构件、成品及半成品的采购及保管费费率为0.42%。

3)施工机械使用费

施工机械使用费指列入概算、预算定额的工程机械和工程仪器仪表台班数量,按相应的施工机械台班费用定额计算的费用等。

①工程机械使用费。机械台班预算价格应按《公路工程机械台班费用定额》(JTG/T 3833—2018)计算,机械台班单价由不变费用和可变费用组成。不变费用包括折旧费、检修费、维护费、安拆辅助费等;可变费用包括机上人员人工费、动力燃料费、车船税。可变费用中的人工工日数及动力燃料消耗量,应以机械台班费用定额中的数值为准。台班人工费工日单价同生产工人人工费单价。动力燃料费用则按材料费的计算规定计算。

②工程仪器仪表使用费指机电工程施工作业所发生的仪器仪表使用费,以施工仪器仪表台班耗用量乘以施工仪器仪表台班单价计算。

工程仪器仪表台班预算价格应按《公路工程机械台班费用定额》(JTG/T 3833—2018)计算。台班人工费工日单价同生产工人人工费单价。动力燃料费用则按材料费的计算规定计算。

当工程用电为自行发电时,电动机械每度(kW·h)电的单价可由下述公式计算:

$$A = 0.15K/N \tag{2-2}$$

式中:A——每度电单价,元;

K——发电机组的台班单价,元;

N——发电机组的总功率,kW。

2.2.2 措施费

措施费包括冬季施工增加费、雨季施工增加费、夜间施工增加费、特殊地区施工增加费、行车干扰施工增加费、施工辅助费、工地转移费。

1) 冬季施工增加费

冬期施工增加费是指按照公路工程施工及验收规范所规定的冬期施工要求,为保证工程质量和安全生产所需采取的防寒保温设施,因工效降低和机械作业率降低以及技术操作过程的改变等所增加的有关费用。冬期施工增加费的内容包括：

①因冬期施工所需增加的一切人工、机械与材料的支出。

②施工机具所需修建的暖棚(包括拆、移等),增加油脂及其他保温设备费用。

③因施工组织设计确定,需增加的一切保温、加温及照明等有关支出。

④与冬期施工有关的其他各项费用,如清除工作地点的冰雪等费用。

冬期施工增加费的计算方法,是根据各类工程的特点,规定各气温区的取费标准。为了简化计算手续,采用全年平均摊销的方法,即不论是否在冬期施工,均按规定的取费标准计取冬期施工增加费。一条路线穿过两个以上的气温区时,可分段计算或按各区的工程量比例求得全线的平均增加率,计算冬期施工增加费。

冬期施工增加费的计算基数是各类工程的定额人工费和定额施工机械使用费之和,冬期施工增加费费率根据工程所在地的气温区和工程类别按表2-4选用。

冬季施工增加费费率(单位:%) 表2-4

工程类别	冬季气温区平均温度(℃)								准一区	准二区
	-1以上		-1～-4		-4～-7	-7～-10	-10～-14	-14以下		
	冬一区		冬二区		冬三区	冬四区	冬五区	冬六区		
	Ⅰ	Ⅱ	Ⅰ	Ⅱ						
土方	0.835	1.301	1.800	2.270	4.288	6.094	9.140	13.720	—	—
石方	0.164	0.266	0.368	0.429	0.859	1.248	1.861	2.801	—	—
运输	0.166	0.25	0.54	0.427	0.832	1.165	1.748	2.643	—	—
路面	0.566	0.842	1.181	1.371	2.449	3.273	4.909	7.364	0.073	0.198
隧道	0.203	0.385	0.548	0.710	1.175	1.52	2.269	3.425	—	—
构造物Ⅰ	0.652	0.940	1.265	1.438	2.607	3.527	5.291	7.936	0.115	0.288
构造物Ⅱ	0.868	1.240	1.675	1.902	3.452	4.693	7.028	10.542	0.165	0.393
构造物Ⅲ	1.616	2.296	3.114	3.523	6.403	8.680	13.020	19.520	0.292	0.721
技术复杂大桥	1.019	1.444	1.975	2.230	4.057	5.479	8.219	12.338	0.170	0.446
钢材及钢结构	0.04	0.101	0.141	0.181	0.301	0.381	0.581	0.861	—	—

注：绿化工程不计冬季施工增加费。

表2-4中工程类别划分及其意义如下,后文采用相同的工程类别划分及其意义。

土方：指人工及机械施工的土方工程、路基掺灰、路基换填及台背回填。

石方：指人工及机械施工的石方工程。

运输：指用汽车、拖拉机、机动翻斗车、船舶等运送土石方、路面基层和面层混合料、水泥混凝土及预制构件、绿化苗木等。

路面:指路面所有结构层工程、路面附属工程、便道以及特殊路基处理(不含特殊路基处理中的圬工构造物)。

隧道:指隧道土建工程(不含隧道的钢材及钢结构)。

构造物Ⅰ:指砍树挖根、拆除工程、排水、防护、特殊路基处理中的圬工构造物、涵洞、交通安全设施、拌和站(楼)安拆工程、便桥、便涵、临时电力和电信设施、临时轨道、临时码头、绿化工程等工程。

构造物Ⅱ:指小桥、中桥、大桥、特大桥工程。

构造物Ⅲ:指商品水泥混凝土的浇筑、商品沥青混合料和各类商品稳定土混合料的铺筑、外购混凝土构件、设备安装工程等。

技术复杂大桥:指钢管拱桥、斜拉桥、悬索桥、单孔跨径在120m以上(含120m)和基础水深在10m以上(含10m)的大桥主桥部分的基础、下部和上部工程(不含桥梁的钢材及钢结构)。

钢材及钢结构:指所有工程的钢材及钢结构等工程。

2)雨期施工增加费

雨期施工增加费是指雨期施工时,为保证工程质量和安全生产所需采取的防雨、排水、防潮和防护措施,因工效降低和机械作业率降低以及技术作业过程的改变所需增加的有关费用。雨期施工增加费的内容包括:

①因雨期施工所需增加的工、料、机费用的支出,包括工作效率的降低及易被雨水冲毁的工程所增加的工作内容等(如基坑坍塌和排水沟等堵塞的清理、路基边坡冲沟的填补等)。

②路基土方工程的开挖和运输,因雨期施工(非土壤中水影响)而引起的黏附工具,降低工效所增加的费用。

③因防止雨水必须采取的防护措施的费用,如挖临时排水沟,防止基坑坍塌所需的支撑、挡板等费用。

④材料因受潮、受湿的耗损费用。

⑤增加防雨、防潮设备的费用。

⑥其他有关雨期施工所需增加的费用,如因河水高涨致使工作困难而增加的费用等。

雨期施工增加费的计算方法是将全国划分为若干雨量区和雨季期,并根据各类工程的特点规定各雨量区和雨季期的取费标准,采用全年平均摊销的方法,即不论是否在雨期施工,均按规定的取费标准计取雨期施工增加费。

一条路线通过不同的雨量区和雨季期时,应分别计算雨期施工增加费或按工程量比例求得平均的增加率,计算全线雨期施工增加费。雨期施工增加费以各类工程的直接工程费之和为基数,雨期施工增加费费率根据工程所在地的雨量区、雨季期和工程类别按表2-5选取。

3)夜间施工增加费

夜间施工增加费是指根据设计、施工的技术要求和合理的施工进度要求,必须在夜间连续施工而发生的工效降低、夜班津贴以及有关照明设施(包括所需照明设施的安拆、摊销、维修及油燃料、电)等增加的费用。

夜间施工增加费按夜间施工工程项目(如桥梁工程项目包括上、下部构造全部工程)的定额人工费和定额施工机械使用费为基数,夜间施工增加费费率根据工程类别按表2-6选取。

雨季施工增加费费率（单位：%）

表2-5

工程类别	雨季期（月数) 1	1.5	2		2.5		3		3.5		4		4.5		5		6		7	8
	I	I	I	II	I	II	I	II	I	II	I	II	I	II	I	II	I	II	II	II
土方	0.140	0.175	0.245	0.385	0.345	0.455	0.385	0.525	0.455	0.595	0.525	0.700	0.595	0.805	0.665	0.939	0.764	1.114	1.289	1.499
石方	0.105	0.140	0.212	0.349	0.280	0.420	0.349	0.491	0.418	0.563	0.487	0.667	0.555	0.772	0.626	0.876	0.701	1.018	1.194	1.373
运输	0.142	0.178	0.249	0.391	0.320	0.462	0.391	0.568	0.462	0.675	0.533	0.781	0.604	0.888	0.675	0.959	0.781	1.136	1.314	1.527
路面	0.115	0.153	0.230	0.366	0.306	0.480	0.366	0.557	0.425	0.634	0.501	0.710	578	0.825	0.654	0.940	0.749	1.093	1.267	1.459
隧道	—	—	—	—	—	—	—	—	—	—	—	—	—	—	—	—	—	—	—	—
构造物 I	0.908	0.131	0.164	0.262	0.196	0.295	0.229	0.360	0.262	0.426	0.327	0.491	0.393	0.557	0.458	0.622	0.524	0.753	0.884	1.045
构造物 II	0.106	0.141	0.177	0.282	0.247	0.353	0.282	0.424	0.318	0.494	0.388	0.565	0.459	0.636	0.530	0.752	0.600	0.883	1.059	1.201
构造物 III	0.200	0.266	0.366	0.565	0.456	0.699	0.565	0.832	0.665	0.998	0.765	1.164	0.898	1 331	1.031	1.497	1.164	1.730	1.996	2.295
技术复杂大桥	0.109	0.181	0.254	0.363	0.290	0.435	0.363	0.508	0.435	0.580	0.508	0.689	0.580	0.798	0.653	0.907	0.725	1.052	1.233	1.414
钢材及钢结构	—	—	—	—	—	—	—	—	—	—	—	—	—	—	—	—	—	—	—	—

注：室内和隧道内工程及设备安装工程不计雨季施工增加费。

夜间施工增加费费率(单位:%) 表2-6

工程类别	费率	工程类别	费率
构造物Ⅱ	0.903	技术复杂大桥	0.928
构造物Ⅲ	1.702	钢结构	0.874

4)特殊地区施工增加费

特殊地区施工增加费包括高原地区施工增加费、风沙地区施工增加费和沿海地区施工增加费三项。

(1)高原地区施工增加费

高原地区施工增加费是指在海拔高度2000m以上地区施工,由于受气候、气压的影响,致使人工、机械效率降低而增加的费用。该费用以各类工程人工工费和机械使用费之和为基数,根据工程所在地的海拔高度和工程类别按表2-7选用。

高原地区施工增加费费率(单位:%) 表2-7

工程类别	海拔高度(m)						
	2001～2500	2501～3000	3001～3500	3501～4000	4001～4500	4501～5000	5000以上
土方	13.295	19.7099	27.455	38.875	53.102	70.162	91.853
石方	13.711	20.358	29.025	41.435	56.875	75.358	100.223
运输	13.288	19.666	26.575	37.205	50.493	66.438	85.040
路面	14.572	21.618	30.689	45.032	59.615	79.500	102.640
隧道	13.364	19.850	28.490	40.767	56.037	74.302	99.259
构造物Ⅰ	12.799	19.051	27.989	40.356	55.723	74.098	95.521
构造物Ⅱ	13.622	20.244	29.082	41.617	57.214	75.874	101.408
构造物Ⅲ	12.786	18.985	27.054	38.616	53.004	70.217	93.371
技术复杂大桥	13.912	20.645	29.257	41.670	57.123	75.640	100.205
钢结构	13.204	19.622	28.269	40.492	55.699	73.891	98.930

(2)风沙地区施工增加费

风沙地区施工增加费是指在沙漠地区施工时,由于受风沙影响,按照施工及验收规范的要求,为保证工程质量和安全生产而增加的有关费用。它包括防风、防沙及气候影响的措施费,材料费,人工、机械效率降低增加的费用,以及积沙、风蚀的清理修复等费用。

一条路线穿过两个以上(含两个)不同风沙区时,按路线长度经过不同的风沙区加权计算项目全线风沙地区施工增加费。风沙地区施工增加费以各类工程的人工费和机械使用费之和为基数,根据工程所在地的风沙区划及工程类别按表2-8选用费率计算。

风沙地区施工增加费费率(单位:%) 表2-8

工程类别	风沙一区			风沙二区			风沙三区		
	沙漠类型								
	固定	半固定	流动	固定	半固定	流动	固定	半固定	流动
土方	4.558	8.056	13.674	5.618	12.614	23.426	8.056	17.3331	27.507
石方	0.745	1.490	2.981	1.014	2.236	3.959	1.490	3.726	5.216
运输	4.304	8.608	13.988	5.38	12.912	19.368	8.608	18.292	27.976

续上表

工程类别	风沙一区			风沙二区			风沙三区		
	沙漠类型								
	固定	半固定	流动	固定	半固定	流动	固定	半固定	流动
路面	1.364	2.727	4.932	2.205	4.932	7.567	3.365	7.137	11.025
隧道	0.261	0.522	1.043	0.355	0.783	1.386	0.522	1.304	1.8266
构造物Ⅰ	3.968	6.944	11.904	4.96	10.912	16.864	6.944	15.872	23.808
构造物Ⅱ	3.254	5.694	9.761	4.067	8.948	13.828	5.694	13.015	19.523
构造物Ⅲ	2.976	5.208	8.928	3.720	8.184	12.648	5.208	11.904	17.226
技术复杂大桥	2.778	4.861	8.333	3.472	7.638	11.805	8.861	11.110	16.077
钢结构	1.035	2.07	4.14	1.409	3.105	5.498	2.07	5.175	7.245

(3) 沿海地区工程施工增加费

沿海地区工程施工增加费是指工程项目在沿海地区施工受海风、海浪和潮汐的影响,致使人工、机械效率降低等所需增加的费用。该项费用,由沿海各省级交通运输主管部门制定具体的适用范围(地区)。沿海地区施工增加费以各类工程的定额人工费和定额施工机械使用费之和为基础,按表2-9选用费率。

沿海地区施工增加费费率(单位:%)   表2-9

工程类别	费率	工程类别	费率
构造物Ⅱ	0.207	技术复杂大桥	0.212
构造物Ⅲ	0.195	钢结构	0.200

5) 行车干扰工程施工增加费

行车干扰施工增加费是指由于边施工边维持通车,受行车干扰的影响,致使人工、机械效率降低而增加的费用。该费用以受行车影响部分的工程项目的人工费和机械使用费之和为基数,根据每昼夜行车次数和工程类别按线标选用费率计算,见表2-10。

行车干扰施工增加费费率(单位:%)   表2-10

工程类别	施工期间平均每昼夜双向行车次数(机动车、非机动车合计)							
	51~100	101~500	501~1000	1001~2000	2001~3000	3001~1000	4001~5000	5000以上
土方	1.499	2.343	3.194	4.118	4.775	5.314	5.885	6.468
石方	1.279	1.881	2.618	3.479	4.035	4.492	4.973	5.462
运输	1.451	2.230	3.041	4.001	4.641	5.164	5.719	6.285
路面	1.390	2.098	2.802	3.487	4.016	4.496	4.987	5.475
隧道	—	—	—	—	—	—	—	—
构造物Ⅰ	0.924	1.386	1.858	2.320	2.693	2.988	3.313	3.647
构造物Ⅱ	1.007	1.516	2.014	2.512	2.915	3.244	3.593	3.943
构造物Ⅲ	0.948	1.417	1.896	2.365	2.745	3.044	3.373	3.713
技术复杂大桥	—	—	—	—	—	—	—	—
钢结构	—	—	—	—	—	—	—	—

注:新建工程、中断交通进行封闭施工或为保证交通正常通行而修建保通便道改的扩建工程不计行车干扰施工增加费。

6）施工辅助费

施工辅助费包括生产工具用具使用费、检验试验费和工程定位复测、工程点交、场地清理等费用。

生产工具用具使用费是指施工所需不属于固定资产的生产工具、检验用具、试验用具及仪器、仪表等的购置、摊销和维修费，以及支付给生产工人自备工具的补贴费。

检验试验费是指施工企业对建筑材料、构件和建筑安装工程进行一般鉴定、检查所发生的费用，包括自设试验室进行试验所耗用的材料和化学药品的费用，以及技术革新和研究试验费，但不包括新结构、新材料的试验费和建设单位要求对具有出厂合格证明的材料进行检验、对构件进行破坏性试验及其他特殊要求检验的费用。高填方和软基沉降监测、高边坡稳定监测、桥梁施工监测、隧道施工监控量测、超前地质预报等施工监控费含在施工辅助费中，不得另行计算。

施工辅助费以各类工程的定额直接费之和为基数，根据工程类别按表 2-11 选用费率计算。

施工辅助费费率（单位：%）　　　　　　　　　　表 2-11

工程类别	费率	工程类别	费率
土方	0.521	构造物Ⅰ	1.201
石方	0.470	构造物Ⅱ	1.537
运输	0.154	构造物Ⅲ	2.729
路面	0.818	技术复杂大桥	1.677
隧道	1.195	钢结构	0.564

7）工地转移费

工地转移费是指施工企业迁至新工地的搬迁费用。其内容包括：

①施工单位职工及随职工迁移的家属向新工地转移的车费、家具行李运费、途中住宿费、行程补助费、杂费等。

②公物、工具、施工设备器材、施工机械的运杂费，以及外租机械的往返费及施工机械、设备、公物、工具的转移费等。

③非固定工人进退场的费用。

高速公路、一级公路及独立大桥、独立隧道项目转移距离按省会城市至工地的里程计算；二级及二级以下公路项目转移距离按地级城市所在地至工地的里程计算。工地转移里程数在表列里程之间时，费率可内插计算。工地转移距离在 50km 以内的工程按 50km 计算。

工地转移费以各类工程的定额人工费和定额施工机械使用费之和为基数，按表 2-12 费率计算。

工地转移费费率（单位：%）　　　　　　　　　　表 2-12

工程类别	工地转移距离（km）					
	50	100	300	500	1000	每增加 100
土方	0.224	0.301	0.470	0.614	0.815	0.036
石方	0.176	0.212	0.363	0.76	0.628	0.030
运输	0.157	0.203	0.315	0.416	0.543	0.025

续上表

工程类别	工地转移距离(km)					
	50	100	300	500	1000	每增加100
路面	0.321	0.435	0.682	0.891	1.191	0.062
隧道	0.257	0.351	0.549	0.717	0.959	0.049
构造物Ⅰ	0.262	0.351	0.552	0.720	0.963	0.051
构造物Ⅱ	0.333	0.449	0.706	0.923	1.236	0.066
构造物Ⅲ	0.622	0.841	1.316	1.720	2.304	0.119
技术复杂大桥	0.389	0.523	0.818	1.067	1.430	0.073
钢结构	0.351	0.473	0.737	0.961	1.288	0.063

2.2.3 规 费

规费是指按法律、法规、规章、规程规定施工企业必须缴纳的费用。它包括以下内容：

①养老保险费:施工企业按规定标准为职工缴纳的基本养老保险费。
②失业保险费:施工企业按规定标准为职工缴纳的失业保险费。
③医疗保险费:施工企业按规定标准为职工缴纳的医疗保险费(含生育保险费)。
④工伤保险费:施工企业按规定标准为职工缴纳的工伤保险费。
⑤住房公积金:施工企业按规定标准为职工缴纳的住房公积金。

各项规费以各类工程的人工费之和为基数,按国家或工程所在地法律、法规、规章、规程规定的标准计算。2019年各省市区规费费率见表2-13。

2019年各省市区规费费率(单位:%)　　　　表2-13

序号	省份	规费合计	养老保险费	失业保险费	医疗保险费(含生育保险费)	工伤保险费	住房公积金	备注
1	湖南	21.60	国家相关规定	0.70	8.70	2.20	10.00	正式发文
2	河北	34.20	16.00	0.70	7.00	0.50	10.00	正式发文
3	吉林	32.40	16.00	0.70	6.70	1.00	8.00	正式发文
4	黑龙江	33.50	20.00	1.00	6.00	1.50	5.00	正式发文
5	山东	35.90	16.00	0.70	6.50	0.70	12.00	正式发文
6	广西	33.50	16.00	0.50	7.50	1.00	8.50	正式发文
7	辽宁	36.10	36.10					正式发文
8	重庆	36.60	16.00	0.50	10.00	1.60	8.50	正式发文
9	江西	32.30	16.00	0.50	6.50	1.30	8.00	正式发文
10	福建	33.50	16.00	0.50	8.50		8.50	正式发文
11	内蒙古	按自治区现行规定执行						正式发文
12	新疆	34.80	16.00	0.50	9.80	0.50	8.00	正式发文
13	贵州	30.50	16.00	0.70	7.50	1.30	5.00	正式发文
14	北京	40.00	16.00	1.00	9.80	1.20	12.00	参考
15	四川	26.90	16.00	0.60	9.00	1.30	5.00~12.00	正式发文
16	甘肃	35.00	16.00	1.00	10.00	1.00	7.00	正式发文

续上表

序号	省份	规费合计	养老保险费	失业保险费	医疗保险费（含生育保险费）	工伤保险费	住房公积金	备注
17	上海	35.04	16.00	0.50	10.50	1.04	7.00	正式发文
18	江苏	34.40	16.00	0.50	6.80	1.10	10.00	正式发文
19	云南	35.45	16.00	0.70	10.00	0.75	8.00	正式发文
20	浙江	32.30	14.00	0.50	8.00	1.30	8.50	正式发文
21	湖北	34.80	16.00	1.00	8.50	1.30	8.00	正式发文
22	广东	30.65	14.00	0.80	6.85	0.50	8.50	正式发文
23	安徽	38.10	目前按照旧规定执行					
24	河南	33.50	16.00	0.70	7.30	1.00	8.50	正式发文
25	西藏	37.15	16.00	0.50	8.00	0.65	12.00	正式发文
26	宁夏	36.20	16.00	0.50	8.70	2.50	8.50	试行
27	海南	31.50	16.00	0.50	6.50	0.50	8.00	正式发文
28	山西	33.80	16.00	0.70	7.50	1.10	8.50	试行
29	青海	36.50	16.00	0.50	6.50	1.50	12.00	正式发文

2.2.4 企业管理费

企业管理费由基本费用、主副食运费补贴、职工探亲路费、职工取暖补贴和财务费用 5 项组成。

1）基本费用

基本费用是指建筑安装企业组织施工生产和经营管理所需的费用。主要内容包括：

①管理人员工资：指管理人员的基本工资、绩效工资、津贴补贴及特殊情况下支付的工资以及缴纳的养老、医疗、失业、工伤保险费和住房公积金等。

②办公费：指企业管理办公用的文具、纸张、账表、印刷、通信、网络、书报、办公软件、会议、水电、烧水和集体取暖降温（包括现场临时宿舍取暖降温）用煤（电、气）等费用。

③差旅交通费：指职工因公出差、调动工作的差旅费、住勤补助费，市内交通费和误餐补助费，劳动力招募费，职工退休、退职一次性路费，工伤人员就医路费以及管理部门使用的交通工具的油料、燃料等费用。

④固定资产使用费：指管理部门及附属生产单位使用的属于固定资产的房屋、设备等的折旧、大修、维修或租赁费。

⑤工具用具使用费：指企业管理使用的不属于固定资产的工具、器具、家具、交通工具和检验、试验、测绘、消防用具等的购置、维修和摊销费。

⑥劳动保险费：指企业支付的离退休职工的易地安家补助费、职工退职金、6 个月以上的病假人员工资、职工死亡丧葬补助费、抚恤费、按规定支付给离休干部的各项经费。

⑦职工福利费：指按国家规定标准计提的职工福利费。

⑧劳动保护费：指企业按国家有关部门规定标准发放的劳动保护用品的购置费及修理费、防暑降温费、在有碍身体健康环境中施工的保健费用等。

⑨工会经费：指企业根据《中华人民共和国工会法》的规定按全部职工工资总额比例计提

的工会经费。

⑩职工教育经费:指按职工工资总额的规定比例计提,企业为职工进行专业技术和职业技能培训,专业技术人员继续教育、职工职业技能鉴定、职业资格认定以及根据需要对职工进行各类文化教育所发生的费用,不含职工安全教育、培训费用。

⑪保险费:指企业财产保险、管理用及生产用车辆等保险费用及人身意外伤害险的费用。

⑫工程排污费:指施工现场按规定缴纳的排污费用。

⑬税金:指企业按规定缴纳的城市维护建设税、教育费附加、地方教育附加、房产税、车船使用税、土地使用税、印花税等。

⑭其他:上述项目以外的其他必要的费用支出,包括技术转让费、技术开发费、竣(交)工文件编制费、招投标费、业务招待费、绿化费、广告费、公证费、定额测定费、法律顾问费、审计费、咨询费以及施工标准化、规范化、精细化管理等费用。

基本费用以各类工程的定额直接费为基数,按表2-14费率计算。

基本费用费率(单位:%)　　　　　　　　　　　表2-14

工程类别	费率	工程类别	费率
土方	2.747	构造物Ⅰ	3.587
石方	2.792	构造物Ⅱ	4.726
运输	1.374	构造物Ⅲ	5.976
路面	2.427	技术复杂大桥	4.143
隧道	3.569	钢结构	2.242

2)主副食运费补贴

主副食运费补贴是指施工企业在远离城镇及乡村的野外施工购买生活必须增加的费用。该费用以各类工程的定额直接费为基数,按表2-15费率计算。

主副食运费补贴费费率(单位:%)　　　　　　　表2-15

工程类别	综合里程(km)										
	3	5	8	10	15	20	25	30	40	50	每增加10
土方	0.122	0.131	0.164	0.191	0.235	0.284	0.322	0.377	0.444	0.519	0.07
石方	0.108	0.117	0.149	0.175	0.218	0.261	0.293	0346	0.405	0.473	0.063
运输	0.118	0.13	0.166	0.192	0.233	0.285	0.322	0.379	0.447	0.519	0.073
路面	0.066	0.088	0.119	0.13	0.165	0.194	0.224	0.259	0.308	0.356	0.051
隧道	0.096	0.01	0.13	0.152	0.185	0.229	0.26	0.304	0.359	0.418	0.054
构造物Ⅰ	0.114	0.12	0.145	0.167	0.207	0.254	0.285	0.338	0.394	0.463	0.062
构造物Ⅱ	0.126	0.14	0.168	0.196	0.242	0.292	0.338	0.394	0.467	0.54	0.073
构造物Ⅲ	0.225	0.248	0.303	0.352	0.435	0.528	0.599	0.705	0.831	0.969	0.132
技术复杂大桥桥	0.101	0.115	0.43	0.165	0.205	0.245	0.28	0.325	0.389	0.452	0.063
钢结构	0.101	0.113	0.146	0.168	0.207	0.247	0.281	0.331	0.387	0.449	0.062

注:综合里程=粮食运距×0.06+燃料运距×0.09+蔬菜运距×0.15+水运距×0.70,粮食、燃料、蔬菜、水的运距均为全线平均运距;如综合里程数在表列里程之间时,费率可内插,综合里程在3km以内的工程,按3km计取本项费用。

3)职工探亲路费

职工探亲路费是指按照有关规定发放给施工企业职工在探亲期间发生的往返交通费和途

中住宿费等费用。该费用以各类工程的定额直接费为基数,按表2-16费率计算。

职工探亲路费费率(单位:%) 表2-16

工程类别	费率	工程类别	费率
土方	0.192	构造物Ⅰ	0.274
石方	0.204	构造物Ⅱ	0.348
运输	0.132	构造物Ⅲ	0.551
路面	0.159	技术复杂大桥	0.208
隧道	0.266	钢结构	0.164

4) 职工取暖补贴

职工取暖补贴是指按规定发放给施工企业职工的冬季取暖费和为职工在施工现场设置的临时取暖设施的费用。该费用以各类工程的定额直接费为基数,按工程所在地的气温区按表2-17选用费率计算。

职工取暖补贴费率(单位:%) 表2-17

工程类别	气温区						
	准二区	冬一区	冬二区	冬三区	冬四区	冬五区	冬六区
土方	0.060	0.130	0.221	0.331	0.436	0.554	0.663
石方	0.054	0.118	0.183	0.279	0.373	0.472	0.569
运输	0.065	0.130	0.228	0.336	0.444	0.552	0.671
路面	0.019	0.086	0.155	0.229	0.302	0.376	0.456
隧道	0.015	0.091	0.158	0.249	0.318	0.409	0.488
构造物Ⅰ	0.065	0.130	0.206	0.304	0.390	0.499	0.607
构造物Ⅱ	0.070	0.153	0.234	0.352	0.481	0.598	0.727
构造物Ⅲ	0.126	0.264	0.425	0.643	0.849	1.067	1.297
技术复杂大桥	0.059	0.120	0.203	0.310	0.406	0.501	0.609
钢结构	0.047	0.082	0.141	0.222	0.293	0.363	0.433

5) 财务费用

财务费用是指施工企业为筹集资金提供投标担保、预付款担保、履约担保、职工工资支付担保等所发生的各种费用,包括企业经营期间发生的短期贷款利息净支出、汇兑净损失、调剂外汇手续费、金融机构手续费,以及企业筹集资金发生的其他财务费用。财务费用以各类工程的定额直接费为基数,按表2-18选用费率计算。

财务费用费率(单位:%) 表2-18

工程类别	费率	工程类别	费率
土方	0.271	构造物Ⅰ	0.466
石方	0.259	构造物Ⅱ	0.545
运输	0.264	构造物Ⅲ	1.094
路面	0.404	技术复杂大桥	0.637
隧道	0.513	钢结构	0.653

2.2.5 设备购置费

设备购置费是指为满足公路初期运营、管理需要购置的构成固定资产标准的设备和虽低于固定资产标准但属于设计明确列入设备清单的设备的费用,包括渡口设备,隧道照明、消防、通风的动力设备,公路收费、监控、通信、路网运行监测、供配电及照明设备等。

①设备购置费应列出计划购置的清单(包括设备的规格、型号、数量),以设备预算价计入。

②设备购置费包括设备原价、运杂费、运输保险费、采购及保管费,各种税费按编制期有关部门规定计算。

③需要安装的设备,按建筑安装工程费的有关规定计算设备的安装工程费。

2.2.6 利　　润

利润是指施工企业完成所承包工程获得的盈利,按定额直接费及措施费、企业管理费之和的7.42%计算。

2.2.7 税　　金

税金是指国家税法规定应计入建筑安装工程造价的增值税销项税额。计算公式如下:

$$税金 = (直接费 + 设备购置费 + 措施费 + 企业管理费 + 规费 + 利润) \times 10\% \quad (2\text{-}3)$$

2.2.8 专项费用

1)施工场地建设费

施工场地建设费包括:

①按照工地建设标准化要求进行承包人驻地、工地试验室建设,钢筋集中加工、混合料集中拌制、构件集中预制等所需的办公、生活居住房屋(包括职工家属房屋及探亲房屋),公用房屋(如广播室、文体活动室、医疗室等)和生产用房屋(如仓库、加工厂、加工棚、发电站、变电站、空压机站、停机棚、值班室等)等费用。

②包括场区平整(山岭重丘区的土石方工程除外)、场地硬化、排水、绿化、标志、污水处理设施、围墙隔离设施等的费用,不包括钢筋加工的机械设备、混合料拌和设备及安拆、预制构件台座、预应力张拉设备、起重及养护设备,以及概算、预算定额中临时工程的费用。

③包括以上范围内的各种临时工作便道(包括汽车、人力车道)、人行便道,工地临时用水、用电的水管支线和电线支线,临时构筑物(如水井、水塔等),其他小型临时设施等的搭设或租赁、维修、拆除、清理的费用;但不包括红线范围内贯通便道、进出场的临时道路、保通便道。

④工地试验室所发生的属于固定资产的试验设备和仪器等折旧、维修或租赁费用。

⑤施工扬尘污染防治措施费:指裸露的施工场地覆盖防尘网、施工便道和施工场地洒水或喷洒抑尘剂,运输车辆的苫盖和冲洗、环境敏感区设置围挡,防尘标识设置,环境监控与检测等所需要的费用。

⑥文明施工、职工健康生活的费用。

施工场地建设费以施工场地计费基数,按表2-19的费率,以累进法计算。施工场地计费基为定额建筑安装工程费扣除专项费。

施工场地建设费费率　　　　　　　　　　　表2-19

施工场地计费基数（万元）	费率（%）	算例(万元)	
		施工场地计费基数	施工场地建设费
500及以下	5.338	500	500×5.338% = 26.69
500~1000	4.228	1000	26.69+(1000-500)×4.228% = 47.83
1000~5000	2.665	5000	47.83+(5000-1000)×2.665% = 154.43
5000~10000	2.222	10000	154.43+(10000-5000)×2.222% = 265.53
10000~30000	1.785	30000	265.53+(30000-10000)×1.785% = 622.53
30000~50000	1.694	50000	622.53+(50000-30000)×1.694% = 961.33
50000~100000	1.579	100000	961.33+(100000-50000)×1.579% = 1750.83
100000~150000	1.498	150000	1750.83+(150000-100000)×1.498% = 2499.83
150000~200000	1.415	200000	2499.83+(200000-150000)×1.415% = 3207.33
200000~300000	1.348	300000	3207.33+(300000-200000)×1.348% = 4555.33
300000~400000	1.289	400000	4555.33+(400000-300000)×1.289% = 5844.33
400000~600000	1.235	600000	5844.33+(600000-400000)×1.235% = 8314.33
600000~800000	1.188	800000	8314.33+(800000-600000)×1.188% = 10690.33
800000~1000000	1.149	1000000	10690.33+(1000000-800000)×1.149% = 12988.33
1000000以上	1.118	1200000	12988.33+(1200000-1000000)×1.118% = 15224.33

2）安全生产费

安全生产费包括完善、改造和维护安全设施设备费用，配备、维护应急救援器材、设备费用，开展重大危险源和事故隐患评估和整改费用，安全生产检查、评价、咨询费用，配备和更新现场作业人员安全防护用品支出，安全生产宣传、教育、培训费用，安全设施及特种设备检测检验费用，施工安全风险评估、应急演练等有关工作及其他与安全生产直接相关的费用。

安全生产费按建筑安装工程费乘以安全生产费费率计算，费率按不少于1.5%计取。

2.3　土地使用及拆迁补偿费

土地征用及拆迁补偿费是指按照《中华人民共和国土地管理法》《中华人民共和国土地管理法实施条例》《中华人民共和国基本农田保护条例》等法律、法规的规定，为进行公路建设需征用土地所支付的土地征用及拆迁补偿的费用。土地使用及拆迁补偿费包含永久占地费、临时占地费、拆迁补偿费、水土保持补偿费、其他费用。

2.3.1　永久占地费

永久占地费包括土地补偿费、征用耕地安置补助费、耕地开垦费、森林植被恢复费、失地农民养老保险费等。

（1）土地补偿费

土地补偿费包括征地补偿费、被征用土地上的青苗补偿费、征用城市郊区的菜地等缴纳的菜地开发建设基金、耕地占用税、用地图编制费及勘界费等。

(2)征用耕地安置补助费

征用耕地安置补助费是指征用耕地需要安置农业人口的补助费。

(3)耕地开垦费

耕地开垦费是指因公路建设项目占用耕地的,由建设项目法人(业主)负责补充耕地所发生的费用;没有条件开垦或者开垦的耕地不符合要求的,应按规定缴纳耕地开垦费。

(4)森林植被恢复费

森林植被恢复费是指公路建设项目需要占用、征用林地的,经县级以上林业主管部门审核同意或批准后,建设项目法人(业主)单位按照省级人民政府有关规定向县级以上林业主管部门预缴的森林植被恢复费。

(5)失地农民养老保险费

失地农民养老保险费是指根据国家规定为保障依法被征地农民养老而交纳的保险费用。失地农民养老保险费按项目所在地省级人民政府的相关规定进行计算。

(6)跨省域补充耕地

公路建设项目发生跨省域补充耕地国家统筹的,应执行《关于印发跨省域不从耕地国家统筹管理办法和城乡建设用地增减挂钩节余指标跨省域调剂管理办法的通知》(国办发〔2018〕16号)的规定;发生省内跨区域补充耕地的,执行本省相关规定。

2.3.2 临时占地费

临时占地费包括临时征地使用费、复耕费。

(1)临时征地使用费

临时征地使用费是指为满足施工所需的承包人驻地、预制场、拌和场、仓库、加工厂(棚)、堆料场、取弃土场、进出场便道、便桥等所有的临时用地及其附着物的补偿费用。

(2)复耕费

复耕费是指临时占用的耕地、鱼塘等,在工程交工后将其恢复到原有标准所发生的费用。

2.3.3 拆迁补偿费

拆迁补偿费是指被征用或占用土地上、地下的房屋及附属构筑物,公用设施、文物等的拆除、发掘及迁建补偿费,拆迁管理费等。

2.3.4 水土保持补偿费

水土保持补偿费根据国家相关法律、法规规定缴纳。

2.3.5 其他费用

其他费用是指国务院行政主管部门及省级人民政府规定的与征地拆迁相关的费用。

2.3.6 土地使用及拆迁补偿费计算方法

(1)土地征用及拆迁补偿费应根据设计文件确定的建设工程用地和临时用地的面积及其附着物的情况,以及实际发生的费用项目,按国家有关规定及工程所在地的省(自治区、直辖市)颁发的有关规定和标准计算。

(2)森林植被恢复费应根据审批单位批准的建设工程占用林地的类型及面积,按国家有关规定及工程所在地的省(自治区、直辖市)颁发的有关规定和标准计算。

(3)当与原有的电力电信设施、管线、水利工程、铁路及铁路设施互相干扰时,应与有关部门联系,商定合理的解决方案和补偿金额,也可由这些部门按规定编制费用以确定补偿金额。

(4)水土保持补偿费按各省(自治区、直辖市)制订的水土保持补偿费收费标准进行计算。

2.4 工程建设其他费用

工程建设其他费包括建设项目管理费、研究试验费、前期工作费、专项评价(估)费、联合试运转费、生产准备费、工程保通管理费、工程保险费、其他相关费用。

2.4.1 建设项目管理费

建设项目管理费包括建设单位(业主)管理费、建设项目信息化费、工程监理费、设计文件审查费和竣(交)工验收试验检测费。其中建设单位(业主)管理费、建设项目信息化费和工程监理费均为实施建设项目管理的费用,可根据建设单位(业主)、施工、监理单位所实际承担的工作内容和工作量统筹使用。

1)建设单位(业主)管理费

建设单位(业主)管理费是指建设单位(业主)为建设项目的立项、筹建、建设、竣(交)工验收、总结等工作所发生的费用。

费用内容包括:工作人员的工资、工资性津贴、施工现场津贴、社会保障费用(基本养老、基本医疗、失业、工伤保险)、住房公积金、职工福利费、工会经费、劳动保护费,办公费、会议费、差旅交通费、固定资产使用费(包括办公及生活房屋折旧、维修或租赁费,车辆折旧、维修、使用或租赁费,通信设备购置、使用费,测量、试验设备仪器折旧、维修或租赁费,其他设备折旧、维修或租赁费等)、零星固定资产购置费、招募生产工人费、技术图书资料费、职工教育经费,招标管理费,合同契约公证费、法律顾问费、咨询费、建设单位的临时设施费、完工清理费、竣(交)工验收费(含其他行业或部门要求的竣工验收费用、建设单位负责的竣(交)工文件编制费)、各种税费(包括房产税、车船使用税、印花税等)、对建设项目前期工作、项目实施及竣工决算等全过程进行审计所发生的审计费用;境内外融资费用(不含建设期贷款利息)、业务招待费及工程质量、安全生产管理费和其他管理性开支。

建设单位(业主)管理费以定额建筑安装工程费为基数,按表2-20的费率,以累进办法计算。

建设单位(业主)管理费费率　　表2-20

定额建筑安装工程费 (万元)	费率 (%)	算例(万元)	
		建筑安装工程费	建设单位(业主)管理费
500及以下	4.858	500	500×4.858% = 24.29
500~1000	3.813	1000	24.29+500×3.813% = 43.355
1000~5000	3.049	5000	43.355+4000×3.049% = 165.315
5000~10000	2.562	10000	165.315+5000×2.562% = 293.415
10000~30000	2.125	30000	293.415+20000×2.125% = 718.415
30000~50000	1.773	50000	718.415+20000×1.773% = 1073.015

续上表

定额建筑安装工程费（万元）	费率（%）	算例（万元）	
		建筑安装工程费	建设单位(业主)管理费
50000~100000	1.312	100000	1073.015+50000×1.312%=1729.015
100000~150000	1.057	150000	1729.015+50000×1.057%=2257.515
150000~200000	0.826	200000	2257.515+50000×0.826%=2670.515
200000~300000	0.595	300000	2670.515+100000×0.595%=3266.515
300000~400000	0.498	400000	3266.515+100000×0.498%=3763.515
400000~600000	0.450	600000	3763.515+200000×0.450%=4663.515
600000~800000	0.400	800000	4663.515+200000×0.400%=5463.515
800000~1000000	0.375	1000000	5463.515+200000×0.375%=6213.515
1000000 以上	0.350	1200000	6213.515+200000×0.350%=6913.515

注：双洞长度超过5000m的独立隧道，水深大于15m、跨度不小于400m的斜拉桥和跨度不小于800m的悬索桥等独立特大型桥梁工程的建设单位(业主)管理费按表中的费率乘以1.3的系数计算；海上工程[由于风浪影响，工程施工期(不包括封冻期)全年月平均工作日少于15天的工程]的建设单位(业主)管理费按表中的费率乘以1.2的系数计算。

2) 建设项目信息化费

建设项目信息化费是指建设单位(业主)和各参建单位用于建设项目的质量、安全、进度、费用等方面的信息化建设、运维及各种税费等费用，包括建设项目全寿命周期的建筑信息模型(Building Information Modeling)等相关费用。

建设项目信息化费以定额建筑安装工程费为基数，按表2-21的费率，以累进方法计算。

建设项目信息化费费率 表2-21

定额建筑安装工程费（万元）	费率（%）	算例（万元）	
		建筑安装工程费	建设单位(业主)管理费
500 及以下	0.600	500	500×0.600%=3
500~1000	0.452	1000	3+500×0.452%=5.26
1000~5000	0.356	5000	5.26+4000×0.356%=19.5
5000~10000	0.285	10000	19.5+5000×0.285%=33.75
10000~30000	0.252	30000	33.75+20000×0.252%=84.15
30000~50000	0.224	50000	84.15+20000×0.224%=128.95
50000~100000	0.202	100000	128.95+50000×0.202%=229.95
100000~150000	0.171	150000	229.95+50000×0.171%=315.45
150000~200000	0.160	200000	315.45+50000×0.160%=395.45
200000~300000	0.142	300000	395.45+100000×0.142%=537.45
300000~400000	0.135	400000	537.45+100000×0.135%=672.45
400000~600000	0.131	600000	672.45+200000×0.131%=934.45
600000~800000	0.127	800000	934.45+200000×0.127%=1188.45
800000~1000000	0.125	1000000	1188.45+200000×0.125%=1438.45
1000000 以上	0.122	1200000	1438.45+200000×0.122%=1682.45

3)工程监理费

工程监理费是指建设单位(业主)委托具有公路工程监理资格的单位,按施工监理规范进行全面的监督和管理所发生的费用。

费用内容包括:工作人员的工资、工资性津贴、施工现场津贴、社会保险费用(基本养老、基本医疗、失业、工伤保险)、住房公积金、职工福利费、工会经费、劳动保护费、办公费、会议费、差旅交通费、办公、试验固定资产使用费(包括办公及生活房屋折旧、维修或租赁费,车辆折旧、维修、使用或租赁费,通信设备购置、使用费,测量、试验、检测设备仪器折旧、维修或租赁费,其他设备折旧、维修或租赁费等)、零星固定资产购置费、招募生产工人费、技术图书资料费、职工教育经费、投标费用、合同契约公证费、法律顾问费、咨询费、业务招待费、财务费用、监理单位的临时设施费、完工清理费、竣(交)工验收费、各种税费、安全生产管理费和其他管理性开支。

工程监理费以定额建筑安装工程费总额为基数,按表2-22的费率,以累进方法计算。

工程监理费费率　　　　　　表2-22

定额建筑安装工程费（万元）	费率（%）	算例(万元)	
		定额建筑安装工程费	工程监理费
500 及以下	3.00	500	500×3% = 15
500~1000	2.40	1000	15+500×2.4% = 27
1000~5000	2.10	5000	27+4000×2.10% = 111
5000~10000	1.94	10000	111+5000×1.94% = 208
10000~30000	1.87	30000	208+20000×1.87% = 582
30000~50000	1.83	50000	582+20000×1.83% = 948
50000~100000	1.78	100000	948+50000×1.78% = 1838
100000~150000	1.72	150000	1838+50000×1.72% = 2698
150000~200000	1.64	200000	2698+50000×1.64% = 3518
200000~300000	1.55	300000	3518+100000×1.55% = 5068
300000~400000	1.49	400000	5068+100000×1.49% = 6558
400000~600000	1.45	600000	6558+200000×1.45% = 9458
600000~800000	1.42	800000	9458+200000×1.42% = 12298
800000~1000000	1.37	1000000	12298+200000×1.37% = 15038
1000000 以上	1.33	1200000	15038+200000×1.33% = 17698

4)设计文件审查费

设计文件审查费是指在项目审批前,建设单位(业主)为保证勘察设计工作的质量,组织有关专家或委托有资质的单位,对提交的建设项目可行性研究报告和勘察设计文件进行审查所需要的相关费用。设计文件审查费以定额建筑安装工程费为基数,按表2-23的费率,以累进方法计算。

①建设项目若有地质勘查监理,费用在此项开支。

②建设项目若有设计咨询(或称设计监理、设计双院制),其费用在此项目内开支。

设计文件审查费费率　　　　　　　　　表2-23

定额建筑安装工程费（万元）	费率（%）	算例（万元）	
		定额建筑安装工程费	设计文件审查费
5000及以下	0.077	5000	5000×0.077%=3.85
5000~10000	0.072	10000	3.85+5000×0.072%=7.45
10000~30000	0.069	30000	7.45+20000×0.069%=21.25
30000~50000	0.066	50000	21.25+20000×0.066%=34.45
50000~100000	0.065	100000	34.45+50000×0.065%=66.95
100000~150000	0.061	150000	66.95+50000×0.061%=97.45
150000~200000	0.059	200000	97.45+50000×0.059%=126.95
200000~300000	0.057	300000	126.95+100000×0.057%=183.95
300000~400000	0.055	400000	183.95+100000×0.055%=238.95
400000~600000	0.053	600000	238.95+200000×0.053%=344.95
600000~800000	0.052	800000	344.95+200000×0.052%=448.95
800000~1000000	0.051	1000000	448.95+200000×0.051%=550.95
1000000以上	0.050	1200000	550.95+200000×0.050%=650.95

5) 竣(交)工验收试验检测费

竣(交)工验收试验检测费是指在公路建设项目竣(交)工验收前，由建设单位(业主)或工程质量监督机构委托有资质的公路工程质量检测单位按照有关规定对建设项目的工程质量进行检测，并出具检测意见，以及进行桥梁动(静)载试验或其他特殊检测等所需的相关费用。

①竣(交)工验收试验检测费按表2-23的规定计算。道路工程按主线路基长度计算，桥梁工程以主线桥梁、分离式立交、匝道桥的长度之和进行计算，隧道按单洞长度计算。

②道路工程，高速公路、一级公路按四车道计算，二级及二级以下公路按两车道计算，每增加一个车道，按表2-23的费用增加10%。桥梁和隧道按双向四车道计算，每增加一个车道费用增加15%。二级及二级以下公路的桥隧工程，按表2-24费用的40%计算。

竣(交)工验收试验检测费标准　　　　　　　　　表2-24

检测项目			竣(交)工验收试验检测费	备 注
道路工程（元/km）		高速公路	23500	包括路基、路面、涵洞、通道、路段安全设施和机电、房建、绿化、环境保护及其他工程
		一级公路	17000	
		二级公路	11500	
		三级及三级以下公路	5750	
桥梁工程	一般桥梁（元/延米）		40	包括桥梁范围内的所有土建、安全设施和机电、声屏障等环境保护工程及必要的动(静)载试验
	技术复杂桥梁（元/延米）	钢管拱	750	
		连续刚构	500	
		斜拉桥	600	
		悬索桥	560	
隧道工程（元/延米）		单洞	80	包括隧道范围内的所有土建、安全设施、机电、消防设施等

2.4.2 研究试验费

研究试验费是指按项目特点和有关规定,在施工过程中必须进行的研究和试验所需的费用,以及支付科技成果、专利、先进技术的一次性技术转让费,但不包括以下内容:

①应由前期工作费(为建设项目提供或验证设计数据、资料等专题研究)开支的项目。
②应由科技三项费用(新产品试制费、中间试验费和重要科学研究补助费)开支的项目。
③应由施工辅助费开支的施工企业对建筑材料、构件和建筑物进行一般鉴定、检查所发生的费用及技术革新研究试验费。

其计算方法是按照设计提出的研究试验内容和要求进行编制。

2.4.3 建设项目前期工作费

建设项目前期工作费是指委托勘察设计、咨询单位对建设项目进行可行性研究、工程勘察设计,以及编制设计、监理、施工招标文件及招标标底或造价控制值文件时,按规定应支付的费用。该费用包括:

①编制项目建议书(或预可行性研究报告)、可行性研究报告、投资估算,以及相应的勘察、设计等所需的费用。
②通过风洞试验、地震动参数、索塔足尺模型试验、桥墩局部冲刷试验、桩基承载力试验等为建设项目提供或验证设计数据所需的专题研究费用。
③初步设计和施工图设计的勘察费、设计费、概(预)算编制及调整概算编制费等。
④设计、监理、施工招标文件及招标标底(或造价控制值或清单预算)文件编制费等。

计算方法:前期工作费以定额建筑安装工程费为基数,按表2-25费率,以累进方法计算。

建设项目前期工作费费率　　　　　　　　　　　　　　　表2-25

定额建筑安装工程费 (万元)	费率 (%)	算例(万元)	
		定额建筑安装工程费	工程监理费
500及以下	3.00	500	500×3.00%=15
500~1000	2.70	1000	15+500×2.70%=28.5
1000~5000	2.55	5000	28.5+4000×2.55%=130.5
5000~10000	2.46	10000	130.5+5000×2.46%=253.5
10000~30000	2.39	30000	253.5+20000×2.39%=731.5
30000~50000	2.34	50000	731.5+20000×2.34%=1199.5
50000~100000	2.27	100000	1199.5+50000×2.27%=2334.5
100000~150000	2.19	150000	2334.5+50000×2.19%=3429.5
150000~200000	2.08	200000	3429.5+50000×2.08%=4469.5
200000~300000	1.99	300000	4469.5+100000×1.99%=6459.5
300000~400000	1.94	400000	6459.5+100000×1.94%=8399.5
400000~600000	1.86	600000	8399.5+200000×1.86%=12119.5
600000~800000	1.80	800000	12119.5+200000×1.80%=15719.5
800000~1000000	1.76	1000000	15719.5+200000×1.76%=19239.5
1000000以上	1.72	1200000	19239.5+200000×1.72%=22679.5

2.4.4 专项评价(估)费

专项评价(估)费是指依据国家法律、法规规定须进行评价(评估)、咨询,按规定应支付的费用。

该费用包括环境影响评价费、水土保持评估费、地震安全性评价费、地质灾害危险性评价费、压覆重要矿床评估费、文物勘察费、通航论证费、行洪论证(评估)费、使用林地可行性研究报告编制费、用地预审报告编制费等费用、项目风险评估费、节能评估费和社会风险评估费、放射性影响评估费、规划选址意见书编制费等费用。

计算方法:依据委托合同,或参照类似工程已发生的费用进行计列。

2.4.5 联合试运转费

联合试运转费是指建设项目的机电工程,按照有关规定标准,需要进行整套设备带负荷联合试运转所需的全部费用,不包括应由设备安装工程费中开支的调试费用。

费用内容包括:联合试运转期间所需的材料、燃料和动力的消耗,机械和检测设备使用费,工具用具和低值易耗品费,参加联合试运转人员工资及其他费用等。

计算方法:联合试运转费以定额建筑安装工程费总额为基数,按0.04%费率计算。

2.4.6 生产准备费

生产准备费是指为保证新建、改扩建项目交付使用后满足正常的运行、管理发生的工器具购置、办公和生活用家具购置、生产人员培训、应急保通设备购置等费用。

1) 工器具购置费

工器具购置费是指建设项目交付使用后为满足初期正常运营必须购置的第一套不构成固定资产的设备、仪器、仪表、工卡模具、器具、工作台(框、架、柜)等的费用,不包括构成固定资产的设备、工器具和备品、备件,以及已列入设备费中的专用工具和备品、备件。

工器具购置费由设计单位列出计划购置清单(包括规格、型号、数量),计算方法同设备购置费。

2) 办公和生活用家具购置费

办公和生活用家具购置费是指新建、改扩建工程项目,为保证初期正常生产、使用和管理所购置的办公和生活用家具、用具的费用,包括行政、生产部门的办公室、会议室、资料档案室、阅览室、宿舍及生活福利设施等的家具、用具。

办公和生活用家具购置费按表2-26的规定计算。

办公和生活用家具购置费标准 表2-26

工程所在地	路线(元/km)				有看房的独立大桥(元/座)	
	高速公路	一级公路	二级公路	三、四级公路	一般大桥	技术复杂大桥
内蒙古、黑龙江、青海、新疆、西藏	21500	15600	7800	4000	24000	60000
其他省、自治区、直辖市	17500	14600	5800	2900	19800	49000

注:改建工程按表列数据的70%计。

3) 生产人员培训费

生产人员培训费是指为保证生产的正常运行,在工程竣工验收交付使用前对运营部门生产人员和管理人员进行培训所必需的费用。

费用内容包括:培训人员的工资、工资性津贴、职工福利费、差旅交通费、劳动保护费、培训及教学实习费等。

生产人员培训费按设计定员和3000元/人的标准计算。

4) 应急保通设备购置费

应急保通设备购置费是指新建、改扩建工程项目,为满足初期正常营运,购置保障抢修保通、应急处置,且构成固定资产的设备所需的费用。

该费用由设计单位列出计划购置清单,计算方法同设备购置费。

2.4.7 工程保通管理费

工程保通管理费是指新建或改扩建工程需边施工边维持通车或通航的建设项目,为保证公(铁)路运营安全、船舶航行安全及施工安全而进行交通(公路、航道、铁路)管制、交通(铁路)与船舶疏导所需的和媒体、公告等宣传费用及协管人员经费等。工程保通管理费应按设计需要进行列支。涉水项目施工期通航安全保障费用计算方法按《涉水项目施工期通航安全保障费用计算方法》执行。

2.4.8 工程保险费

工程保险费是指在合同执行期内,施工企业按合同条款要求办理保险的费用,包括建筑工程一切险和第三方责任险。

①建筑工程一切险是为永久工程、临时工程和设备及已运至施工工地用于永久工程的材料和设备所投的保险。

②第三者责任险是对因实施合同工程而造成的财产(本工程除外)损失或损害,或人员(业主和承包人雇员除外)的死亡或伤残所负责进行的保险。

③工程保险费以建筑安装工程费(不含设备费)为基数,按0.4%费率计算。

2.4.9 其他相关费用

其他相关费用是指国务院行政主管部门及省级人民政府规定的其他与公路建设相关的费用,按其相关规定计算。

2.5 预 备 费

预备费由价差预备费及基本预备费两部分组成。在公路工程建设期限内,凡需动用预备费时,属于公路交通运输部门投资的项目,需经建设单位提出,按建设项目隶属关系,报交通运输部或交通运输厅(局)基本建设主管部门核定批准;属于其他部门投资的建设项目,按其隶属关系报有关部门核定批准。

2.5.1 基本预备费

基本预备费是指在初步设计和概算、施工图设计和施工图预算中难以预料的工程费用。

其用途如下:
①在进行技术设计、施工图设计和施工过程中,在批准的初步设计和概算范围内所增加的工程费用。
②在设备订货时,由于规格、型号改变的价差,材料货源变更、运输距离或方式的改变以及因规格不同而代换使用等原因发生的价差。
③在项目主管部门组织峻(交)工验收时,验收委员会(或小组)为鉴定工程质量必须开挖和修复隐蔽工程的费用。

计算方法:以建筑安装工程费、土地使用及拆迁补偿费、工程建设其他费之和为基数,按下列费率计算:
①设计概算按5%计列。
②修正概算按4%计列。
③施工图预算按3%计列。

2.5.2 价差预备费

价差预备费是指设计文件编制年至工程交工年期间,建筑安装工程费用的人工费、材料费、设备费、施工机械使用费、措施费、企业管理费等由于政策、价格变化可能发生上浮而预留的费用,以及外资贷款汇率变动部分的费用。

价差预备费以建筑安装工程费用总额为基数,按设计文件编制年始至建设项目工程交工年终的年数和年工程造价增长率计算。

计算公式如下:
$$价差预备费 = P \times [(1+i)^{n-1} - 1] \tag{2-4}$$

式中:P——建筑安装工程费总额,元;
　　i——年工程造价增长率,%;
　　n——设计文件编制年至建设项目开工年 + 建设项目建设期限,年。
年工程造价增长率按有关部门公布的工程投资价格指数计算。
设计文件编制至工程交工在一年以内的工程,不列此项费用。

2.6 建设期贷款利息

建设期贷款利息是指工程项目使用的贷款部分在建设期内应计取的贷款利息,包括各种金融机构贷款、建设债券和外汇贷款等利息。

计算公式如下:
建设期贷款利息 = ∑(上年末付息贷款本息累计 + 本年度付息贷款额÷2) × 年利率

$$\tag{2-5}$$

即:
$$S = \sum_{n=1}^{N} \left(F_{n-1} + \frac{b_n}{2} \right) \times i \tag{2-6}$$

式中:S——建设期贷款利息;
　　N——项目建设期,年;
　　n——施工年度;

F_{n-1}——项目建设期第 $n-1$ 年年末需付息贷款本息累计;

b_n——项目建设期第 n 年度付息贷款额;

i——中国人民银行公布的贷款基准年利率。

本章小结

本章介绍了道路桥梁工程概预算编制依据,概预算项目,概预算文件组成、费用组成以及概预算编制程序;介绍了概预算各项费用,即建筑安装工程费、土地使用及拆迁补偿费、工程建设其他费用、预备费、建设期贷款利息,并阐述了各项费用的组成和计算方式;呈现了现行规范规定的费率或费用标准。

课后习题

1. 概预算总金额由哪些费用组成?
2. 建筑安装工程费包括哪些费用?
3. 工程建设其他费包括哪些费用?
4. 直接费包括哪些具体费用,如何计算?
5. 材料预算单价的组成是什么,如何计算?
6. 人工装卸、手推车运砂,平均运距为 80m,人工的单价为 68.91 元/工日,试计算每砂的运杂费。
7. 某公路建设项目采购钢筋的供应价为 3500 元/t,运杂费为 2 元/(t·km),运输距离为 40km,运输途中发生的路桥通行费为 20 元/t,试计算该材料的预算价格。
8. 某新建项目,建设期 4 年,分年均衡进行贷款,第一年贷款 10000 万元,以后各年贷款均为 5000 万元,年贷款利率为 6%,建设期内利息只计息不支付,试计算项目建设期贷款利息。

第 3 章 公路桥梁工程招投标及造价控制

课 前 导 读

【基本要求】 了解招投标的基本概念;了解招投标文件的组成;熟悉公路桥梁工程招标程序和投标程序;熟悉工程量清单的内容组成与编制;掌握招标控制价的编制方法;掌握投标报价的程序与编制方法;了解报价策略与技巧。

【本章重点】 公路桥梁招标程序和投标程序;工程量清单的内容组成与编制;投标报价的编制方法;投标报价的策略和常用的报价技巧。

【本章难点】 投标报价的编制;招标控制价的编制;投标报价的策略和技巧。

3.1 公路桥梁工程招投标概述

3.1.1 公路桥梁工程项目招标与投标的概念

招标与投标是市场经济中用于采购大宗商品的一种交易方式。其特点是买方设定包括商品质量、期限、价格为主的标的,约请若干卖方通过投标报价的方式进行竞争,买方从中择优选定中标单位,双方达成协议后签订合同并按合同实现标的。

在市场经济中,建筑产品也是商品,在国际上广泛采用招标投标的方式实现工程建设任务的发包与承包。我国的工程建设招标与投标,是在国家法律的保护和监督之下、双方同意的基础上法人之间的经济活动。

工程项目招标与投标是业主与承包商对未来建筑产品的预计价格进行交易的工程采购方式,实质上是一种期货交易。期货交易的一大特点是其具有风险性。

1) 工程项目招标

工程项目招标是指业主(建设单位)根据拟建工程的内容、工期、质量和投资额等技术经济要求,作为发包方,邀请有资格和能力的企业或单位参加工程项目的投标报价,从中择优选取可承担可行性研究方案论证、科学试验或勘察、设计、施工等任务承包单位的过程。

2) 工程项目投标

工程项目投标是指经审查获得投标资格的投标人,以同意发包方招标文件所提出的条件为前提,经过广泛的市场调查掌握一定的信息并结合自身情况(能力、经营目标等),以投标报价的竞争形式获取工程任务的过程。根据国家颁布的有关法律和法规的规定,工程项目采用招标投标的方式选择实施单位已作为一项建筑市场的管理制度被广泛推行。招标投标制是实现项目法人责任制的重要保证之一。它的推行有利于促使工程建设按建设程序进行,保证建设的科学性、合理性,有利于保证工程质量、缩短工期、节约投资,有利于促进承包企业提高履约率和经营管理水平。

3)工程项目招标的范围

工程项目招标可以是全过程招标,其工作内容可包括可行性研究、勘察设计、物资供应、工程施工乃至使用后的维修,也可以是阶段性建设任务的招标,如勘察设计、项目施工,还可以是整个项目发包、单项工程发包或单位工程发包。在施工阶段,还可根据承包内容的不同,分为包工包料、包工部分包料、包工不包料等形式的发包。

进行工程招标时,业主必须根据工程项目的特点,结合自身的管理能力确定工程的招标范围。

3.1.2 公路桥梁工程项目招标的分类及招标方式

1)公路桥梁工程项目招标的分类

(1)按招标的性质分类

按招标的性质,工程项目招标可分为五类,即工程项目开发招标、监理招标、勘察设计招标、工程建设物资招标和工程施工招标。这是由建筑产品交易生产过程的阶段性决定的。

①工程项目开发招标。这种招标是建设单位(业主)邀请工程咨询单位对建设项目进行可行性研究,其标的物是可行性研究报告。中标的工程咨询单位必须对自己提供的研究成果负责,可行性研究报告应得到业主认可。

②监理招标。监理招标是通过竞争的方式选择工程监理单位的一种招标方法。监理招标的标的物为监理工程师提供的服务。

③勘察设计招标。勘察设计招标是指根据通过的可行性研究报告所提出的项目设计任务书,择优选择设计单位,其标的物是勘察设计成果。勘察和设计是两种不同性质的工作,在不少工程项目中由勘察单位、设计单位分别进行。施工图设计可由中标的设计单位承担,也可由承包商承担,一般不进行单独招标。

④工程施工招标。在工程项目的初步设计或施工图设计完成以后,用招标的方式选择承包商。其标的物是向建设单位(业主)交付按设计规定建造的建筑产品。工程施工招标在各类招标中数量大、范围广、价值高,招标工作的代表性强,本教材主要介绍这类招标。

⑤工程建设物资招标。工程建设中,材料、设备费在工程总投资中占很大比重。工程建设物资招标的标的是所需要的建筑材料、建筑构件、设备等。

(2)按工程承包的范围分类

①项目总承包招标。这种招标可分为两种类型:一种是工程项目实施阶段的全过程招标,另一种是工程项目全过程招标。前者是指在设计任务书已经审完,从项目勘察、设计到交付使用对工程项目进行的一次性招标。后者是指从项目的可行性研究到交付使用对工程项目进行的一次性招标,业主提供项目投资和使用要求及竣工,交付使用期限,其可行性研究、勘察设计、材料和设备采购、施工安装、职工培训、生产准备和试生产、交付使用都由一个总承包商负

责承包,即所谓的"交钥匙工程"。

②专项工程承包招标。在工程承包招标中,对其中某项比较复杂、专业性强、施工和制作要求特殊的单项工程可以单独进行招标,称之为专项工程承包招标。

2)公路桥梁工程项目的招标方式

工程项目的招标有以下三种方式:

(1)公开招标

公开招标也称无限竞争性招标,由业主在国内外主要报纸、有关刊物上或在电台、电视台发布招标广告,凡对工程项目有兴趣的承包商,均可购买资格预审文件参与投标。这种招标方式可为所有的承包商提供一个平等竞争的机会,业主有较大的选择余地,有利于降低工程造价,提高工程质量,缩短工期。但由于参与竞争的承包商可能很多,会增加资格预审和评标的工作量。还有可能出现故意压低投标报价的投机承包商以低价挤掉对报价严肃认真而报价相对较高的承包商的情况。因此,采用此种招标方式时,业主应加强资格预审,认真评标。

(2)邀请招标

邀请招标也称有限竞争性选择招标。这种招标不发布广告,业主根据自己的经验和对各种信息资料的了解,对那些被认为有能力承担该工程的承包商发出邀请,一般邀请5~10家(但不能少于3家)前来投标。这种招标方式一般可以保证参加投标的承包商有此项目施工经验、信誉可靠,有能力完成该工程项目,但由于经验和信息资料有一定的局限性,有可能漏掉一些在技术上、报价上有竞争力的后起之秀。

(3)议标

议标也称非竞争性招标或指定性招标。这种招标是业主邀请1家,最多不超过2家承包商来直接协商谈判,实际上是一种合同谈判形式的招标。这种招标适用于工程造价较低、工期紧、专业性强的工程或军事保密工程。其优点是可以节省时间,容易达成协议,能迅速开展工作;缺点是难以获得有竞争力的报价。

3.1.3 招标文件

1)招标文件的组成

《公路工程标准施工招标文件》(2018年,以下简称《招标文件》)由四卷九章组成。公路项目招标文件由三部分组成,即商务部分、技术规范、工程量清单及标准表格。

其具体内容如下:

①招标公告(或投标邀请书);

②投标人须知;

③评标办法;

④合同条款及格式;

⑤工程量清单;

⑥图纸;

⑦技术规范;

⑧工程量清单计量规则;

⑨投标文件格式;

⑩投标人须知前附表规定的其他资料。

当招标文件、招标文件的澄清或修改等在同一内容的表述上不一致时,以最后发出的书面文件为准。

(1)投标邀请书

投标邀请书投标邀请书是招标人向特定的投标人发出的投标邀请,与是否有过资格预审没有关系。只要招标的标的情况满足邀请招标的要求,就可以采取邀请招标的方式。邀请方由招标确定。当然在考虑邀请名单时,会考虑很多方面的问题(其中肯定也包括潜在投标人的资质、能力问题)。一般发送的投标邀请书要三份以上(含三份)才有效。

(2)投标人须知

投标人须知是招标文件中很重要的一部分内容,主要内容是投标者投标时的相关注意事项,包括资格要求、投标文件要求、投标的语言、报价计算、货币、投标有效期、投标保证、错误的修正以及本国投标人的优惠等。

(3)合同条件

我国目前在参考国外工程承包合同条款(如《FIDIC 合同条件》)范本的基础上,各行业都在制订相应的合同范本。

(4)工程量表

工程量表就是将合同规定要实施的工程的全部项目和内容按工程部位,性质等列在一系列表内。每个表中既有工程部位需实施的各个项目,又有每个项目的工程量和计价(单价或包干价)要求,还有每个项目的报价和每个表的总计等,后两个栏目留给投标者去填写。

工程量表的用途:一是指导投标者报价,为投标者提供了一个共同的竞争性投标的平台。投标者根据施工图纸和技术规范的要求以及拟订的施工方法,通过单价分析并参照本公司以往的经验对表中各栏目进行报价,并逐项汇总为各部位以及整个工程的投标报价;二是在工程实施过程中,每月结算时可按照表中的序号、已实施的项目、单价或价格来计算应付给承包商的款项;三是在工程变更增加新项目或索赔时,可以选用或参照工程量表中的单价来确定新项目或索赔项目的单价和价格。

(5)图纸

图纸是招标文件和合同的重要组成部分,是投标者拟订施工方案、确定施工方法以至提出替代方案、计算投标报价必不可少的资料。

图纸的详细程度取决于设计的深度与合同的类型。详细的设计图纸能使投标者比较准确地计算报价。但实际上在工程实施中常常需要陆续补充和修改图纸,这些补充和修改的图纸均须经工程师签字正式下达后才能作为施工及结算的依据。

图纸中所提供的地质钻孔柱状图、探坑展视图等均可作为投标者的参考资料,所提供的水文、气象资料也属于参考资料。业主和工程师应对这些资料的正确性负责,而投标者根据上述资料作出自己的分析与判断,并据之拟订施工方案,确定施工方法,业主和工程师对这类分析与判断不负责任。

(6)技术规范

技术规范是工程招标文件的重要组成部分之一,是质量检验验收、工程计量支付等的重要技术经济文件。它包括对材料性能的要求、施工方法、技术标准、质量检验与验收方法、计量方式、工作内容等。详细内容见2009年版《公路工程国内招标文件范本》(以下简称《招标文件范本》)。

(7)其他

其他标准文本格式其他标准文本格式详见《招标文件》第四章的有关规定。

2)招标文件的澄清

投标人应仔细阅读和检查招标文件的全部内容。如发现缺页或附件不全,应及时向招标人提出,以便补齐。如有疑问,应按投标人须知前附表规定的时间和形式将提出的问题送达招标人,要求招标人对招标文件予以澄清。

招标文件的澄清以投标人须知前附表规定的形式发给所有购买招标文件的投标人,但不指明澄清问题的来源。澄清发出的时间距规定的投标截止时间不足 15 日,且澄清内容可能影响投标文件编制的,将相应延长投标截止时间。

投标人在收到澄清后,应按投标人须知前附表规定的时间和形式通知招标人,确认已收到该澄清。

除非招标人认为确有必要答复,否则,招标人有权拒绝回复投标人在规定的时间后提出的任何澄清要求。

3)招标文件的修改

招标人以投标人须知前附表规定的形式修改招标文件,并通知所有已购买招标文件的投标人。修改招标文件的时间距规定的投标截止时间不足 15 日,且修改内容可能影响投标文件编制的,将相应延长投标截止时间。

投标人收到修改内容后,应按投标人须知前附表规定的时间和形式通知招标人,确认已收到该修改。

4)招标文件的异议

投标人或其他利害关系人对招标文件有异议的,应在投标截止时间 10 日前以书面形式提出。招标人将在收到异议之日起 3 日内作出答复;作出答复前,将暂停招标投标活动。

5)招标的程序及主要内容

公开招标程序如图 3-1 所示。邀请招标的程序是直接向适于本工程施工的单位发出邀请,其程序与公开招标大同小异。其不同点主要是没有资格预审的环节,但增加了发出投标邀请书的环节。

针对上述招标程序就其中主要内容说明如下:

(1)招标文件的编制

招标人应当根据招标项目的特点和需要编制招标文件,招标文件应当包括招标项目的技术要求、对投标人资格审查的标准、投标报价要求和评标标准等所有实质性要求和条件,以及拟签订合同的主要条款。国家对招标项目的技术、标准有规定的,招标人应当按照其规定在招标文件中提出相应要求,招标文件规定的各项技术标准应符合国家强制性标准。

(2)编制招标控制价

公路工程招标控制价,在《公路工程标准施工招标文件》(2018 年版)中也称为投标控制价,是指招标人根据国家或省级行业建设主管部门颁发的有关计价依据和办法,按设计施工图纸计算的,对招标工程限定的最高工程造价。招标控制价可由业主自行编制或委托有编制能力的单位负责编制,编制人员必须持交通主管部门核发的造价人员岗位资格证书。招标控制价应报造价管理部门审查,未经审查不得公布。招标控制价一般在开标前或开标时公布。在评标时修正后的最终投标报价若超过招标控制价,投标人的投标文件作废标处理。

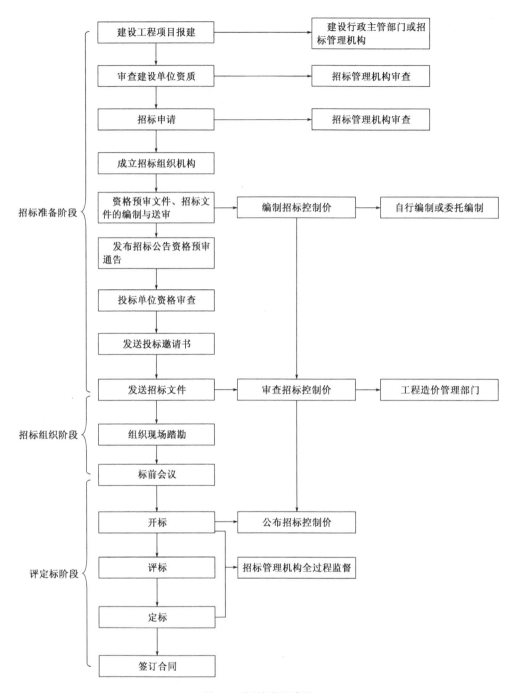

图 3-1 公开招标程序图

(3) 发布招标公告或投标邀请书

如果是公开招标,招标单位通过报刊、广播电视等新闻媒介公开发布招标公告。如果是邀请招标,招标单位选择三家以上(含三家)施工单位发出投标邀请书。招标公告或者投标邀请书应至少载明下列内容:

①招标人的名称和地址;
②招标项目的内容、规模、资金来源;

③招标项目的实施地点和工期；
④获取招标文件或者资格预审文件的地点和时间；
⑤对招标文件或者资格预审文件收取的费用；
⑥对投标人的资质等级的要求。

（4）对投标人进行资格审查

招标人可以根据招标项目本身的特点和需要，要求潜在投标人或者投标人提供满足其资格要求的文件，对潜在投标人或者投标人进行资格审查。资格审查的目的在于限制不符合条件的单位盲目投标。资格审查实行资格预审，投标者向招标单位递交资格预审申请书，审查合格者才准许购买招标文件。邀请招标有时也使用资格后审，即在评标时进行。资格审查应主要审查潜在投标人或者投标人是否符合下列条件：

①具有独立订立合同的权利；
②具有履行合同的能力，包括专业、技术资格和能力，资金、设备和其他物质设施状况，管理能力、经验、信誉和相应的从业人员；
③没有处于被责令停业，投标资格被取消，财产被接管、冻结、破产状态；
④在最近三年内没有骗取中标和严重违约及重大工程质量问题；
⑤法律、行政法规规定的其他资格条件。

（5）组织现场踏勘

招标人不得单独或者分别组织任何一个投标人进行现场踏勘，勘察工程现场应满足下列要求：

①投标人须知前附表规定组织踏勘现场的，招标人按投标人须知前附表规定的时间、地点组织投标人踏勘项目现场；
②投标人踏勘现场发生的费用自理；
③除招标人的原因外，投标人自行负责在踏勘现场中所发生的人员伤亡和财产损失；
④招标人在踏勘现场中介绍的工程场地和相关的周边环境情况，供投标人在编制投标文件时参考，招标人不对投标人据此作出的判断和决策负责；
⑤招标人提供的本合同工程的水文、地质、气象和料场分布、取土场、弃土场位置等参考资料，并不构成合同文件的组成部分，投标人应对自己就上述资料的解释、推论和应用负责，招标人不对投标人据此作出的判断和决策承担任何责任。

（6）标前会议

标前会议的目的是解答投标单位提出的问题。投标单位在研究招标文件、进行现场考察后，会对招标文件中某些地方提出疑问。这些疑问有些是投标单位不理解招标文件产生的，有些是招标文件的遗漏和错误产生的。投标单位应在标前会议召开以前，以书面的形式将要求解答的问题提交招标单位。根据投标人须知中的规定，投标单位的答疑应在标前会议7天前提出。招标单位应将各投标单位的疑问收集汇总，并逐一研究处理。如属于投标单位未理解招标文件而产生的疑问，可将这些问题放在"澄清书"中予以澄清或解释；如属于招标文件的错误或遗漏，则应编制"招标补遗"对招标文件进行补充和修正。总之，投标单位的问题应统一书面解答，当招标补遗很多且对招标文件的改动加大时，为使投标单位有合理的时间将补遗书的内容在编标时予以考虑，招标单位（或业主）可视情况延长投标截止日期。

（7）接受投标者的标书和投标保函

在投标截止日前，投标人将投标文件送达招标人规定的地点，招标人应做好投标文件的接收工作,并做好接收记录。投递和递交投标书时,必须同时提交保证金或保函,否则拒收标书。投标书送交招标单位后,在投标截止日期前,投标者调整已报的报价,应以正式文件提出,并附说明。上述条件应使用与投标书相同的密封方式投递,与投标书具有同等法律效力。因此对上述函件,招标单位也必须同标书一样进行收管。投标单位的任何函件,包括投标书,在投标截止日期后送达,不予接收,原封退回。

有下列情形之一的,投标保证金将不予退还:
①投标人在规定的投标有效期内撤销或修改其投标文件;
②中标人在收到中标通知书后,无正当理由拒签合同协议书或未按招标文件规定提交履约担保;
③投标人不接受依据评标办法的规定对其投标文件中细微偏差进行澄清和补正;
④投标人提交了虚假资料。

(8)开标
①开标时间和地点。招标人在规定的投标截止时间(开标时间)和投标人须知前附表规定的地点对收到的投标文件公开开标,并邀请所有投标人的法定代表人或其委托代理人准时参加。投标人若未派法定代表人或委托代理人出席开标活动,视为该投标人默认开标结果。
②开标程序。主持人按下列程序进行开标:
a.宣布开标纪律;
b.公布在投标截止时间前递交投标文件的投标人名称,并点名确认投标人是否派人到场;
c.宣布开标人、唱标人、记录人、监标人等有关人员姓名;
d.按照投标人须知前附表规定检查投标文件的密封情况;
e.按照投标人须知前附表的规定确定并宣布投标文件开标顺序;
f.设有标底的,公布标底;
g.按照宣布的开标顺序当众开标,公布投标人名称、标段名称、投标保证金的递交情况、投标报价、质量目标、工期及其他内容,并记录在案;
h.投标人代表、招标人代表、监标人、记录人等有关人员在开标记录上签字确认;
i.开标会议结束。
③开标过程中,若招标人发现投标文件出现以下任一情况,经监标人确认后当场宣布为废标:
a.未在投标函上填写投标总价;
b.投标报价或调整函中的报价超出招标人公布的投标控制价上限(如有)。
④若招标人宣读的内容与投标文件不符时,投标人有权在开标现场提出异议,经监标人当场核查确认之后,可重新宣读其投标文件。若投标人现场未提出异议,则认为投标人已确认招标人宣读的内容。

(9)评标
①评标委员会。评标由招标人依法组建的评标委员会负责。评标委员会由招标人或其委托的招标代理机构熟悉相关业务的代表,以及有关技术、经济等方面的专家组成。评标委员会成员人数以及技术、经济等方面专家的确定方式见《公路工程标准施工招标文件》(2018年版)投标人须知前附表。
②评标委员会成员有下列情形之一的,应当回避:
a.招标人或投标人的主要负责人的近亲属;

b. 项目主管部门或者行政监督部门的人员；

c. 与投标人有经济利益关系，可能影响对投标公正评审的；

d. 曾因在招标、评标以及其他与招标投标有关活动中从事违法行为而受过行政处罚或刑事处罚的。

③评标原则。评标活动遵循公平、公正、科学和择优的原则。

④评标。评标委员会按照《公路工程标准施工招标文件》中"评标办法"规定的方法、评审因素、标准和程序对投标文件进行评审。第三章"评标办法"没有规定的方法、评审因素和标准，不作为评标依据。

(10) 定标

①除投标人须知附表规定评标委员会直接确定中标人外，招标人依据评标委员会推荐的中标候选人确定中标人，评标委员会推荐中标候选人的人数见投标人须知前附表。

②评标委员会经评审，认为所有投标都不符合招标文件要求的，可以否决所有投标。依法必须进行招标的项目所有投标人被否决的，招标人应当依照本法重新招标。有下列情形之一的，招标人将重新招标：

a. 投标截止时间止，投标人少于3个的；

b. 经评标委员会评审后否决所有投标的；

c. 中标候选人均未与招标人签订合同的；

d. 法律规定的其他情形。

③不再招标。重新招标后投标人仍少于3个或者所有投标被否决的，属于必须审批或核准的工程建设项目，经原审批或核准部门批准后不再进行招标。

(11) 签订合同

①中标人确定后，招标人应在投标有效期内，以书面形式向中标人发出中标通知书，同时将中标结果通知未中标的投标人。中标通知书对招标人和中标人具有同等的法律效力，中标通知书发出后，招标人改变中标结果的，或者中标人放弃中标结果的，应当依法承担法律责任。

②招标人和中标人应当自中标通知书发出之日起30天内，根据招标文件和中标人的投标文件订立书面合同。招标文件要求中标人提交履约担保或保证金的，中标人应当提交。

③中标人若拒绝在规定的时间内提交履约担保或保证金或签订合同，按招标文件中的规定，招标人可取消中标人的中标资格。在此情况下，招标人可将合同授予下一个中标候选人，或者按规定重新组织招标。

④招标人与中标人签订合同后，招标人应及时通知其他投标人。招标人收取投标保证金的，招标人与中标人签订合同后5个工作日内，向未中标的投标人和中标人退还投标保证金。

3.1.4 投标文件

根据投标人须知前附表规定的不同形式，投标文件的组成应满足相应条款要求。

(1) 若采用双信封形式，采用以下条款

投标文件应包括下列内容：

第一个信封（商务及技术文件）：

①投标函及投标函附录；

②授权委托书或法定代表人身份证明；

③联合体协议书；

④投标保证金；
⑤施工组织设计；
⑥项目管理机构；
⑦拟分包项目情况表；
⑧资格审查资料；
⑨投标人须知前附表规定的其他资料。
第二个信封(报价文件)：
①调价函及调价后的工程量清单(如有)；
②投标函；
③已标价工程量清单；
④合同用款估算表。
投标人在评标过程中作出的符合法律法规和招标文件规定的澄清确认,构成投标文件的组成部分。

(2)若采用单信封形式,则采用以下条款
投标文件应包括下列内容：
①投标函及投标函附录；
②授权委托书或法定代表人身份证明；
③联合体协议书；
④投标保证金；
⑤已标价工程量清单；
⑥施工组织设计；
⑦项目管理机构；
⑧拟分包项目情况表；
⑨资格审查资料；
⑩调价函及调价后的工程量清单(如有)；
⑪投标人须知前附表规定的其他资料。
投标人在评标过程中作出的符合法律法规和招标文件规定的澄清确认,构成投标文件的组成部分。

投标人须知前附表未要求提交投标保证金的,投标文件不包括以上④中所指的投标保证金。

3.1.5 工程量清单的组成与编制

1)工程量清单的含义

工程量清单,又称工程数量清单,有的书上也称为工程量表。它是工程招标及实施工程时计量与支付的重要依据,在工程实施期间,对工程费用起控制作用。

工程量清单是招标单位(业主)将要招标的工程按一定的原则(如按工程部位、性质等)进行分解,以明确工程的内容和范围,并将这些内容数量化而得到的一套工程项目表。每个表中既有工程部位和该部位需实施的各个项目(工程子目),又有每个子项目的工程量和计价要求(单价或包干价)以及总计金额,单价与合价两个栏目由投标单位填写。可见工程量清单反映的是每个相对独立的个体项目的主要内容和预算数量以及完成价格。

招标工程的工程量清单通常是由业主提供,但也有一些国际招标工程,并没用工程量清单,仅有招标图纸,这就要求投标人按照自己的习惯列出工程细目并计算工程量,或按国际通用的工程量编制方法提交工程量清单。我国的公路工程项目招标,一般均由招标单位提供工程量清单。招标单位在编制工程量清单时可参照最新的《公路工程标准施工招标文件》(2018年版),按其中的技术规范给出相应章、节、目的工程细目表。

另外,需要特别指出的是工程量清单中所列的工程数量(也称清单工程量),是实际施工前根据设计施工图纸和说明及工程量清单计算规则所得到的一种准确性较高的预算数量,并不是中标者在施工时应予以完成的实际的工程量。因为在实际施工过程中,可能会因各种原因与设计条件不一致,从而产生工程量的数量变化,业主应按实际工程量支付工程费用。

2)工程量清单的作用

既然工程量清单是招标投标时使用的招标文件之一,那么它的作用显然是为招标投标服务的,其主要表现在以下几个方面。

(1)为投标人的公平竞争提供基础

工程量清单是按照招标文件中技术规范的规定和要求的分项原则以及工程量计算方法编制的,是招标单位计算招标控制价、投标单位计算报价的依据。一方面,招标单位的招标控制价是按这些分项进行计算而编制的;另一方面,各投标单位也是以工程量清单为依据,参照招标文件中的其他合同文件,结合本单位以往的施工经验,对工程量清单中所列各项分别进行报价,然后汇总,从而完成整个工程的报价。这样就为所有投标单位提供了一个报价计算的共同基础,使之能有效而精确地编写报价单,从而合理地进行投标报价。这样充分体现了公平竞争的原则,同时由于招标控制价也是在此基础上计算出来的,这为评标时对报价进行比较提供了方便。

(2)中标后的工程量清单为实施工程计量和办理中期支付提供依据

工程量清单描述了工程项目的范围、内容及计量方式和方法,在工程实施期间对工程计量与支付必须以工程量清单为依据,即使发生工程变更及费用索赔时,其参考作用也很明显,直接影响监理工程师对单价的确定。因此,工程量清单必须做到分项清楚明了、各种工作内容不重不漏,报价时工程数量的计算应尽可能准确。

(3)促使投标人提高技术水平及管理水平

由于各个投标单位是在同一个基础上进行报价,为了中标,投标单位必须不断提高管理水平和技术水平,从而降低投标报价。这样有利于促进施工单位改进施工方法,优化施工方案,加强项目管理,采用自己掌握的先进施工技术、设备,最大限度地提高劳动生产率,最终降低生产成本。

(4)为业主选择合适的承包人提供重要参考

鉴于投标人受工程量清单制约,主要的竞争成为价格竞争,而这一竞争有利于业主费用的降低,因此,它是业主选择中标者的最重要的参考。一般业主会选择报价低者中标,但他同时要兼顾施工组织以及承包人低价完成的可能性。若对其有疑问时,会倾向于适当抬高预计支付标准。另外,他也会在报价后的清单中分析投标人是否使用不平衡报价,作为选择中标者的参考。

(5)为费用管理提供依据

由于工程量清单是合同文件的组成部分,也是发生工程变更、价格调整、工程索赔中业主与承包人都比较易于接受的价格基础,因此无论总价合同、单价合同,还是成本加酬金合同,都是费用监理中应最优先考虑的问题。

3)工程量清单的内容

编写工程量清单应遵循以下原则:

①和技术规范保持一致;

②便于计量支付;

③便于合同管理及处理工程变更;

④保持合同的公平性。

按上述原则编制的工程量清单,其内容分为前言、工程子目、计日工明细表和工程量清单汇总表四部分。

(1)前言(或说明)

在许多合同文件中前言又被称为清单序言,它主要对工程项目的工作范围和内容、计量方法和方式、费用计算的依据、在工程实施期间如何对工程进行计量和支付进行说明。当工程发生变更或费用索赔时,监理工程师将根据它来确定单价。概括起来,前言应强调以下几个方面的内容:

①应将工程量清单与投标须知、合同条件、技术规范、图纸和图表、资料等文件结合起来阅读、理解或解释。这一说明主要目的是要求投标人综合考虑支付条件、技术要点、质量标准、工程施工条件,以及需综合在某一单项中的众多子目后,适当考虑他自身的费用、风险后再填报单价。

②除非合同另有规定,工程量清单中有标价的单价和总额价均已包括了为实施和完成合同工程所需的劳务、材料、机械、质检(自检)、安装、缺陷修复、管理、保险、税费、利润等费用,以及合同明示或暗示的所有责任、义务和一般风险。本条说明要求投标人认识自己在合同中的报价所包括的范围,强调风险自担的范围。

③工程量清单中的每一子目,不论工程数量是否标出,都必须填入单价或总额价。投标时没有填入单价或总额价的子目,其费用视为已分配在工程量清单中其他相关子目的单价或总额价之中。这一说明减少了招投标过程中可能发生的争执,规范和加快了招投标工作过程,对投标人提出了计算中要认真、仔细的要求。

④符合合同条件规定的项目,若没列子目,其费用应视为已分摊在本合同工程的有关子目的单价或总额价之中。这一条说明作用同上条,要求投标人将子目分摊工作做好,如果出现漏计或重计,后果自负。

⑤规范和图纸上有关工程和材料的简介不必在工程量清单中重复和强调。当计算工程量清单中每个项目的价格时,应参考合同文件中有关章节对有关项目的描述。但有时招标文件在工程量清单的序言中,对计算各类工程量(如开挖回填、混凝土、钢结构等)时应包含什么内容和注意什么问题进行了说明,以避免日后的纠纷,这为投标人项目分摊的细化提供了基础。

⑥施工中计量已完成工程数量用以计算支付金额时,应根据技术规范中规定的计量和支付方法进行。使用工程数量均为完工以后测量的净值,对应构造物工程,通常明确以设计尺寸计量。这为以后工程实施中的费用工作提供了直接依据。

⑦工程量清单的暂定金额,应按照合同条件的规定使用和支付。

⑧工程量清单中所列工程量的变动,丝毫不会降低或影响合同条件的效力,也不免除承包人按规定的标准进行施工和修复缺陷的责任。这是为了强调清单量只是估计工程量,应以实际完成工程量作为支付依据,但最终支付额与质量标准及合同责任无关。

⑨明确对清单中出现算术性错误的修正办法。这一条主要是针对投标人投标报价过程中出现单价乘以数量不等于总价时的情况。对于这种情况,业主的理解办法,通常认为单价是正确的,单价未填时以"0"计,即认为投标人将此费用在别的项目中分摊。这一规定减少了可能存在的争执,但要求投标人必须仔细地核对自己的报价,否则有可能产生巨大损失。

⑩清单中各项金额均为人民币元。承包人对本合同工程提供的各类装备的运输、维护、装卸、拼装等费用,均已包括在清单的单价或总额价之中。

(2)工程子目

工程子目又称分项清单表,是招标工程中按章的顺序排列的各个项目表。表中有子目号、项目名称、工程数量、单位、单价及金额栏目,其格式见表3-1。其中单价或金额栏的数字一般由承包人投标时填写,而其他部分一般由业主或者招标单位在编制工程量清单时确定。

工程量清单格式 表3-1

子目号	子目名称	单位	工程数量	单价	合价或金额

工程子目分章排列,有利于将不同性质、不同部位、不同施工阶段或其他特性的不同的工程区别开来,同时也有利于将那些需要采用不同施工方法、不同施工阶段或成本不一样的工程区别开来。

工程子目按章、节、目的形式设置,至于具体分多少章,章中设多少节,节下设多少目,则视工程实际情况确定。《公路工程标准施工招标文件》(2018年版)技术规范分为7章(各章名称见表3-2)。表3-3、表3-4分别为《公路工程标准施工招标文件》(2018年版)分章中的第100章和第200章的节、目表,通过这两个表可以了解章、节、目的整体联系和具体内容。

公路工程标准施工招标工程量清单汇总表 表3-2

序 号	章 次	科目名称	金额(元)
1	100	总则	
2	200	路基	
3	300	路面	
4	400	桥梁、涵洞	
5	500	隧道	
6	600	安全设施及预埋管线	
7	700	绿化及环境保护设施	
8		第100章—第700章清单合计	
9		已包含在清单合计中的材料、工程设备、专业工程暂估价合计	
10		清单合计减去材料、工程设备、专业工程暂估价合计(即8-9=10)	
11		计日工合计	
12		暂列金额(不含计日工总额)	
13		投标报价(8+11+12=13)	

第 100 章　总则 表 3-3

合同段编号：　　　　　　　　　　　　　　　　　　　　　　　　　　　　　　货币单位：元

子目号	子目名称	单位	数量	单价	合价
101	通则				
101-1	保险费				
-a	按合同条款规定，提供建筑工程一切险	总额			
-b	按合同条款规定，提供第三者责任险	总额			
102	工程管理				
102-1	竣工文件	总额			
102-2	施工环保费	总额			
102-3	安全生产费	总额			
102-4	信息化系统（暂估计）	总额			
103	临时工程与施工				
103-1	临时道路修建、养护与拆除（包括原道路的养护费）	总额			
103-2	临时占地	总额			
103-3	临时供电设施架设、维护与拆除	总额			
103-4	电信设施的提供、维修与拆除	总额			
103-5	临时供水与排污设施	总额			
104	承包人驻地建设				
104-1	承包人驻地建设	总额			
105	施工标准化				
105-1	承包人驻地建设	总额			
105-2	工地试验室	总额			
105-3	拌和站	总额			
105-4	钢筋加工场	总额			
105-5	预制场	总额			
105-6	仓储存放地	总额			
105-7	各场（厂）区、作业区连接道路及施工主便道	总额			

清单 100 章合计人民币_____

第 200 章　路基 表 3-4

合同段编号：　　　　　　　　　　　　　　　　　　　　　　　　　　　　　　货币单位：元

子目号	子目名称	单位	数量	单价	合价
202	场地清理				
202-1	清理与掘除				
-a	清理现场	m²			
-b	砍伐树木	棵			
-c	挖除树根	棵			
202-2	挖除旧路面				
-a	水泥混凝土路面	m²			

续上表

子目号	子目名称	单位	数量	单价	合价
-b	沥青混凝土路面	m²			
-c	碎石路面	m²			
202-3	拆除结构物				
-a	钢筋混凝土结构	m³			
-b	混凝土结构	m³			
-c	砖、石及其他砌体结构	m³			
-d	金属结构	kg			
202-4	植物移栽				
-a	移栽乔(灌)木	棵			
-b	移栽草皮	m²			
203	挖方路基				
203-1	路基挖方				
-a	挖土方	m³			
-b	挖石方	m³			
-c	挖除非适用材料(不含淤泥、岩盐、冻土)	m³			
-d	挖淤泥	m³			
-e	挖岩盐	m³			
-f	挖冻土	m³			
203-2	改河、改渠、改路挖方				
-a	挖土方	m³			
-b	挖石方	m³			
-c	挖除非适用材料(不含淤泥、岩盐、冻土)	m³			
-d	挖淤泥	m³			
-e	挖岩盐	m³			
-f	挖冻土	m³			
204	填方路基				
204-1	路基填筑(包括填前压实)				
-a	利用土方	m³			
-b	利用石方	m³			
-c	……(略去 c、d、e、f、g、h、i 及 204-2、205-1、205-2、205-3、205-4、205-5)	m³			
205-6	盐渍土处理				
-a	垫……				
	清单200章合计人民币_____				

表3-3为第100章一般条目(或总则),通常将开办项目的工程量清单放在此章中,其特点是有关款项包干支付按总额结算。具体以表3-3所列内容来看,该章分为四节。第一节中计量支付的子目只有一项保险费,它由两部分组成:建筑工程一切险和第三者责任险;第二节中

计量支付的子目有4条,即竣工文件,施工环保费,安全生产费,信息化系统(暂估计);第三节中计量支付的子目有5项,即临时道路修建、养护与拆除(包括原道路的养护费),临时占地,临时供电设施的架设、维修与拆除、电信设施的架设、维修与拆除、临时供水与排污设施;第四节中计量支付的子目只有一项承包人驻地建设;新规范新增第五节施工标准化的七项子目,为施工驻地,工地实验室,拌和站,钢筋加工场,预制场,仓库存放地,各场(厂)区、作业区连接道路及施工主便道。

需要注意的是,技术规范每一节的最后一目与这一节工程内容的计量与支付规定是对应的。尽管工程子目表未将此规定列出,但投标人报价、监理工程师在进行计量支付时必须仔细阅读。

在第100章后的各章中一般为永久性工程项目,如路基、路面、桥梁与涵洞、隧道、安全设施及预埋管线,以及绿化及环境保护设施等。如表3-4所示为第200章的路基部分,其中只列出5节中前几部分的内容。

表中工程数量是根据图纸中的工程量并按技术规范的规定处理后确定的,是一暂估数量,实际的工程量要通过计量的方式来确定。

(3)计日工明细表

计日工也称散工或点工,是指在工程实施过程中,业主可能有一些临时性的或新增加的项目,而且这种临时的新增项目的工程量在招投标阶段很难估计,希望通过招投标阶段事先定价,避免开工后可能出现的争端,故需要以计日工明细表的方式在工程量清单中予以明确。

计日工明细表由总则、计日工劳务、计日工材料、计日工施工机械等方面的内容组成,其格式见表3-5~表3-8。

计日工劳务表 表3-5

编号	子目名称	单位	暂定数量	单价	合价
101	班长	h			
102	普通工	h			
103	焊工	h			
104	电工	h			
105	混凝土工	h			
106	木工	h			
107	钢筋工	h			
	……				

劳务小计金额:_____
(计入"计日工汇总表")

计日工材料表 表3-6

编号	子目名称	单位	暂定数量	单价	合价
201	水泥	t			
202	钢筋	t			
203	钢绞线	t			
204	沥青	t			
205	木材	m^3			

续上表

编　号	子目名称	单　位	暂定数量	单　价	合　价
206	砂	m³			
207	碎石	m³			
208	片石	m³			
	……				
				材料小计金额：_____	
				（计入"计日工汇总表"）	

计日工施工机械表　　　　　　　　　　　表 3-7

编　号	子目名称	单　位	暂定数量	单　价	合　价
301	装载机				
301-1	1.5m³ 以下	h			
301-2	1.5~2.5m³	h			
301-3	2.5m³ 以上	t			
302	推土机				
302-1	90kW 以下	h			
302-2	90~180kW	h			
302-3	180kW 以上	h			
	……				
				施工机械小计金额：_____	
				（计入"计日工汇总表"）	

计日工汇总表　　　　　　　　　　　表 3-8

名　称	金　额	备　注
劳务		
材料		
施工机械		
	计日工总计：_____	
	（计入"投标报价汇总表"）	

在编制计日工明细表时，对每个表中的工作费用及应包含哪些内容以及如何计算均应作出说明和规定，如人工工时计算一般是由到达工作地点开始进行指定的工作起算，到回到出发地点为止的时间，但不包括用餐和工间休息时间。

有些计日工明细表中的单价中规定不含管理费及利润，而是另行按一定费用计算。

为了限制投标人报价过高，在有的合同中又规定了"名义工作量"，要求承包人按其填报计日工单价，按规定的名义工程数量计算对计日工的报价，并将之计入评标时的报价中。由于计日工在施工中是否动用，如何计量与动用的权利归监理所有，故有了名义工程量的工程量清单，一般会起到限制投标人漫天要价的作用。

（4）工程量清单汇总表

工程量清单汇总表是将各章的工程子目表及计日工明细表进行汇总，再加上一定比例或数量(按招标文件规定)的暂定金额而得出该项目的总报价。该报价与投标书中填写的投标总价是一致的,其格式见表3-9。

工程量清单汇总表　　　　　　　　　表3-9

序　号	章　次	科目名称	金额(元)
①	100	总则	
②	200	路基	
③	300	路面	
④	400	桥梁、涵洞	
⑤	500	隧道	
⑥	600	安全设施及预埋管线	
⑦	700	绿化及环境保护设施	
⑧		第100~700章清单合计	
⑨		已包含在清单合计中的材料、工程设备、专业工程暂估价合计	
⑩		清单合计减去材料、工程设备、专业工程暂估价合计(⑧－⑨＝⑩)	
⑪		计日工合计	
⑫		暂列金额(不含计日工总额)	
⑬		投标报价(⑧＋⑪＋⑫＝⑬)	

4)编写工程量清单的注意事项

工程量清单的内容很多、很细,极易出错,给计量、合同管理带来麻烦,可能给承包人造成有的项目费用无处可摊,甚至给业主带来不可弥补的损失。因此,在编写时注意以下几点:

(1)将开办项目作为独立的工程子目单列出来

开办项目往往是一些一开工就要发生或开工期就要发生的项目,如工程保险、担保、监理设施、承包人的驻地建设、测量放样、临时工程等。如果将这些项目包括在其他项目单价中,到承包人开工时,上述各种款项将得不到及时支付,不仅影响合同的公平性和承包人的资金周转,而且会增加招标中预付款的数量。

(2)合理划分工程项目

在工程子目划分时,要注意将不同等级要求的工程区分开。将同一性质但不属于同一部位的工程区分开;将情况不同,可能要进行不同报价的项目区分开。这一做法主要是为了强化工程投标中的竞争性,使投标人报价更加具体,针对不同情况可以采用不同的单价,便于降低造价。

(3)工程子目的划分要大小合适

工程子目的划分可大可小。工程子目大,可减少计算工程量,但太大就难以发挥单价合同的优势,不便于工程变更的处理;另外,工程子目太大也会使支付周期延长,影响承包人的资金周转,最终影响合同的正常履行。工程子目相对较小,虽会增加计算工程量,但对处理工程变更和合同管理是有利的。工程子目划分不是绝对的,既要简单明了、高度概括,又不能漏掉项目和应计价的内容,要结合工程实际,具体问题具体对待,灵活掌握。

(4)工程量的计算整理要细致准确

计算和整理工程量的依据是设计图纸和技术规范,它是一项严谨的技术工作,绝不是简单地罗列设计文件中的工程量。要认真阅读技术规范中的计量与支付方法,仔细核查设计文件中工程量所对应的计量方法与技术规范中的计量方法是否一致。如不一致,则需在处理工程量时进行技术处理。此外,在工程量的计算过程中,要做到不重不漏,更不能发生计算错误,否则会带来一系列问题。

(5)计日工清单或专项暂定金额不可缺少

计日工清单是用来处理一些附加的或小型的变更工程计价的,清单中计日工的数量完全是由业主虚拟的,用以避免承包人在投标报价时计日工的单价报得太离谱,有了计日工清单就能使合同管理很方便。

(6)应与技术规范一致

工程量清单的编号、项目、单位等要求与技术规范中的计量支付应统一,从而保证合同的严密性和前后一致性。

3.2 招标控制价

3.2.1 招标控制价的概念

公路工程的招标控制价是招标人根据国家或省级行业建设主管部门颁发的有关计价依据和办法,按设计图纸计算的,对招标工程限定的最高工程造价,也可称其为拦标价、预算控制价或最高报价等。招标控制价的编制过程是项目招标人对项目所需工程费用的自我测算过程,通过测算可以促进项目招标单位加强成本测算、成本预测,为日后施工过程的投资控制打下良好的基础,从而做到公路工程造价的全过程管理与控制。

3.2.2 招标控制价的作用

①招标控制价是预防某些投标人高价围标的有效手段,是对拟建公路工程投标报价的最高限定价。

②招标控制价是对施工图设计成果是否符合设计概算投资的有效检验,如果招标控制价突破设计概算,作为发包人,就要及时考虑追加投资或修改设计以适应发包人的投资能力。

③招标控制价的编制是施工图设计及招标文件等进一步完善的有效手段。招标控制价的编制依据是工程量清单和招标文件等,在招标控制价的编制组价过程中,很容易发现招标文件和工程量清单与施工图相互矛盾和不明确的地方,招标人需及时对这些文件加以修改和完善。

④符合市场规律,规范市场秩序。工程量清单招标遵循市场确定价格的原则,招标控制价的设立避免了建筑市场的无序竞争,起着引导报价、良性竞争的有利作用,有效规范了市场秩序。

3.2.3 招标控制价的编制依据、程序与要点

1)招标控制价编制依据

①工程量清单计价规范。
②国家或省级、行业建设主管部门颁发的计价定额和计价办法。
③工程设计文件及相关资料。

④招标文件中的工程量清单及有关要求。
⑤与建设项目有关的标准规范、技术资料。
⑥工程造价管理机构发布的工程造价信息,没有发布工程造价信息的参照市场价。
⑦其他相关资料。

2)招标控制价编制程序

招标控制价的编制一般包括编制准备、文件编制和形成成果文件三个阶段,如图 3-2 所示。

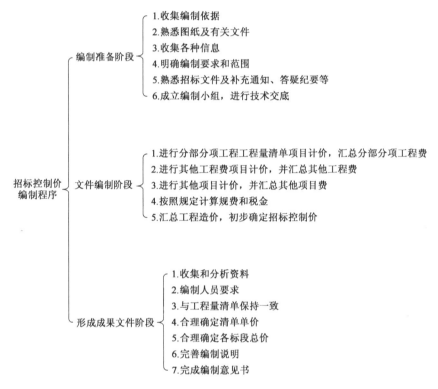

图 3-2 招标控制价编制程序

(1)编制准备阶段
①收集与本项目招标控制价的编制依据。
②熟悉工程图纸及有关设计文件。
③收集应采用的计价标准、费用指标、材料价格信息等情况。
④明确本项目招标控制价的编制要求和范围。
⑤熟悉拟订的招标文件及其补充通知、答疑纪要等。
⑥成立编制小组,就招标控制价编制的内容进行技术交底,做好编制前期的准备工作。

(2)文件编制阶段
①按招标文件、相关计价规则进行分部分项工程工程量清单项目计价,并汇总分部分项工程费。

分部分项工程费用计价一般采用单价法,即依据招标工程量清单的分部分项工程项目、工程量、相关定额和取费标准,确定其综合单价,综合单价的内容应包括人工费、材料费、机械费、管理费和利润,以及一定范围的风险费用。

②按招标文件、相关计价规则进行其他工程费项目计价,并汇总其他工程费。

其他工程费项目应分别采用单价法和费率法(或系数法),对于可计量部分的其他工程费应参照分部分项工程费用的计算方法采用单价法计价,对于以项计量或综合取定的其他工程费应采用费率法。采用费率法时,应先确定某项费用的计费基数,再测定其费率,然后将计费基数与费率相乘得到费用。

③按招标文件、相关计价规则进行其他项目计价,并汇总其他项目费。

其中:暂列金额应根据工程复杂程度、设计深度、工程环境条件(包括地质、水文、气候条件等)进行估算,一般可以用分部分项工程费的一定比例(10%~15%)为参考。暂估价可以按照造价管理机构发布的工程造价信息或参考类似工程市场价格或市场询价进行估算。计日工中的人工单价、材料单价和施工机械台班单价按造价主管部门发布的单价计算,未发布的单价,结合类似工程价格信息和市场询价进行估算。

④按照国家或省级、行业建设主管部门的规定计算规费和税金。

⑤对工程造价进行汇总,初步确定招标控制价。

(3)形成成果文件阶段

招标控制价的编制要点主要分为以下几部分:

①收集和分析资料。在编制招标控制价前,首先应做好招标文件、图纸、工程量清单、补遗书和初步设计概算批复等资料收集工作,并对照做好相应概算的拆分工作,认真研究招标文件、图纸、工程量清单、补遗书等资料,合理确定取费标准、材料价格和施工方案。

②编制人员要求。招标控制价应由具有编制能力的招标人编制,当招标人不具有编制招标控制价的能力时,可委托具有相应资质的工程造价咨询人编制。工程造价咨询人不得同时接受招标人和投标人对同一工程的招标控制价和投标报价进行编制。

③与工程量清单保持一致。在招标控制价的编制过程中,应认真分析和理解招标文件中对投标人关于风险、调价、责任等的约定,分析和理解工程量清单编制依据以及清单项目划分和特征描述所体现的组价原则等。在计算过程中应严格按照特征描述所体现的组价原则计价,招标文件要求投标人考虑的各种因素包括风险费用,在招标控制价中也应体现,避免招标控制价与招标文件及工程量清单相脱节。同时,招标控制价的编制过程也是对工程量清单补充和完善的过程,编制中发现工程量清单中不清楚或不完善的内容,招标人要及时明确或做出补充说明,以保证工程量清单及招标控制价的完整性和准确性。

④合理确定清单单价。招标控制价的编制是以工程量清单预算方式进行,编制人员要做好工程量清单预算基础数据模板,并相互校核,做到各标段的清单单价均衡,无特殊情况不应出现明显的不平衡单价;要认真校对各标段的工程量清单的数量和单位,确保准确无误。

⑤合理确定各标段总价。做好各标段招标控制价上限之和与相应概算的比较分析,各标段招标控制价上限之和应控制在相应概算范围之内。当出现各标段招标控制价上限值和超出相应概算时,编制人员要分析超概原因,并及时向发包人反映。

⑥完善编制说明。包括编制依据、工程类别、取费标准、材料价格来源、选用的施工方案等。例如,挖土方工程,通常要求施工企业自行选择挖土方式、比例、运土费用及距离等,同时在编制招标控制价时也应有完整和清楚的说明。

⑦认真完成编制意见书。编制意见书应包括组织情况、工程概况、编制依据、定价原则以及有关情况的说明等,编制人员必须在编制意见书上签名或盖章,最后附上编制好的招标控制价清单。

3.3 投标报价

3.3.1 投标报价的概念

投标报价是由投标单位根据招标文件、相关标准规范以及工程定额,并根据招标项目所在地的自然、社会和经济条件及施工组织方案、投标单位的自身条件,计算完成招标工程所需各项费用的造价文件。

3.3.2 投标报价的程序

承包商通过资格预审、购买到全套招标文件之后,即可根据工程的性质、大小,组织一个经验丰富、有较强决策力的班子进行投标报价。承包工程有固定总价合同、单价合同、成本加酬金合同等几种主要合同形式,不同合同形式的计算报价是有差别的。路桥工程投标中常用单价合同,其投标报价计算的主要程序如图3-3所示。

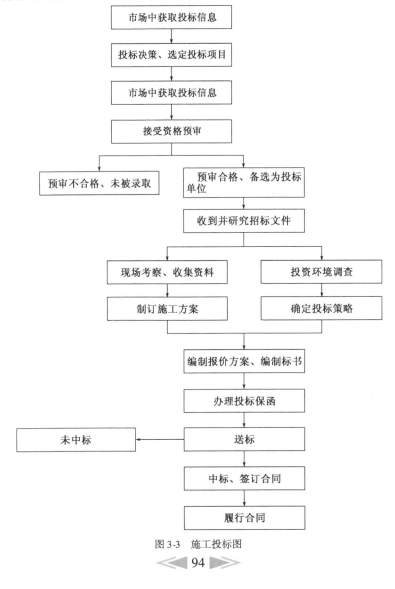

图3-3 施工投标图

3.3.3 投标报价的构成和计算

投标报价由施工成本、利润和税金以及风险费组成。

1) 施工成本

包括直接成本(即工料机费及其他直接费)、间接成本(包括现场管理费、公司管理费等)等各项费用。

(1) 人工费

用工数量根据工程量及定额来确定,人工单价根据企业核算的人工单价成本及调查所得人工市场单价来确定。

(2) 材料费

材料用量根据工程量及定额来确定,材料单价根据市场价格加计运费、场外运输损耗费及采购保管费。

(3) 机械使用费

机械使用数量根据工程量及定额来确定,机械台班单价采用企业成本核算所确定的机械台班单价。

(4) 其他直接费,一般包括如下费用

①现场勘察费。业主移交现场后,应立即进行补充测量或者勘探,可根据工程场地面积估算。

②现场清理费。包括清除树木、旧有建筑物等,可根据现场考察实际情况进行估算。

③进场临时道路费。如果需要时,应考虑其长度、宽度和其是否有小桥、涵洞及相应的排水设施等,并应考虑其经常维护费用。

④冬期施工增加费、雨期施工增加费、夜间施工增加费、高原地区施工增加费、行车干扰增加费、职工劳动保护和施工安全措施等费用。根据施工方案的安排,结合技术规范中的计量与支付内容规定进行估算。

⑤现场试验设施费。如标书中有具体规定,应按其要求计算,否则可按工程规模考虑简易的试验设施并计算其费用,如混凝土配料试块、试验等,而其他材料、成品的试验可送往附近的研究试验机构鉴定,考虑一笔试验费用即可。

⑥施工用水、电费。根据施工方案中计算的水电用量,结合现场考察调查,确定水电供应设施。例如,水源地、储水设施、供水管网、外接电源或柴油发电站、供电线路等,并考虑水费、电费或发电的燃料动力费用。

⑦脚手架及小型工具费。根据施工方案,考虑脚手架的需用量并计算总费用。

⑧承包人临时设施费。按施工方案中计算的施工人员数量,计算临时住房、办公用房、仓库和其他临时建筑物等,并按简易标准计算费用,还应考虑生活营地的水、电、道路、电话、卫生设施等费用。

⑨现场保卫设施和安全费用,按施工方案中规定的围墙、警卫室和夜间照明等计算。

⑩职工交通费。根据生活营地远近和职工人数计算交通车辆和职工由住地到工地往返费用。

(5) 现场管理费

根据施工项目现场管理费的成本核算结果来确定。现场管理费一般包括:

①投标费用。包括投标文件购置费、投标人员差旅费和工资、外事活动费等。

②保函手续费。包括投标保函、履约保函、预付款保函和维修保函等,可按估计各项保证金乘以银行保函年费率,再乘以各种保函有效期(以年计)计算即可。

③保险费。包括工程保险、第三方责任险、车辆保险等,至于施工人员的人身事故和医疗保险及强制性的社会福利保险费可计入事故人员的工资(工日基价内),材料设备运输过程中的保险计入材料设备基价内。

④管理人员费。从生产和辅助生产劳务数量按比例(国外工程一般用8%~10%),结合管理岗位计算管理人员数量,参照前面所述工日基价计算管理人员工资和费用。

⑤行政办公费。包括管理部门的文具、纸张、表册、邮电及办公室用家具、器具和日常使用低值易耗品,移交水电、空调、采暖等开支。

⑥生活设施费。如厨房设施、卫生设施、洗澡、环境清洁等设施费用。

⑦交通车辆使用费。办公人员的交通工具(如卧车、面包车等)的折旧、保险、维修和油料费用等。

⑧试验仪器设备使用费。包括购置、维修和摊销的有关费用。若未列工程量表,可计入现场管理费中。

⑨其他费用。如差旅交通费、工程保修费、职工探亲路费、工地转移费、竣工清理费等。

(6)企业管理费

包括企业管理人员工资、差旅交通费、办公费、固定资产折旧维修费、职工教育经费等费用,根据本企业公司管理费的收取比例来确定。

(7)流动资金贷款利息

根据招标文件中的预付款额、付款周期,按施工进度计划计算流动资金数量,根据流动资金贷款利率计算流动资金贷款利息。

(8)其他费用

在调查及以往成本核算资料的基础上计算确定。

2)利润和税金

税金是由国家统一征收的费用,按有关税率计算确定。利润根据本项目的具体情况和公司的利润目标及投标策略来制订。

3)风险费

风险费是根据合同条款应有承包人承担的各种风险费用。

3.3.4 投标报价文件的编制

报价编制程序如图3-4所示,同时我们也需注意到以下问题:

按上节计算汇总项目的全部费用后,应按照工程量清单格式计算的要求,编制投标报价文件。从报价文件编制的角度出发,报价一般分为直接费、待摊费、分包费和暂列金额。

$$报价 = \sum(工程量清单子目价格 \times 子目工程量) + 分包费 + 暂定金额 + 计日工 \quad (3-1)$$
$$工程量清单子目单价 = 子目直接费 \times 待摊费用系数 \quad (3-2)$$

子目直接费的计算:直接费是施工过程中直接耗费的构成工程实体和有助于工程形成的工、料、机费用,是标价构成中的主要部分。直接费计算一般有三种方法,即定额单价分析法、工序单价分析法和总价控制法。

图 3-4 报价编制程序图

1) 定额单价分析法

定额单价分析法是我国投标人员常用的方法,它与编制工程概预算的方法大致相同,即按照招标文件的工程量清单所列工程子目,选用与工作内容相适应的工、料、机消耗定额,分析实际的工、料、机单价,从而计算出各工程子目的直接费用,即根据定额计算的工程子目直接费。其优点是:计算方法比较规范,便于使用计算机。其缺点是:各工程子目的人工和机械台班消耗是分别计算的,对各工程子目之间的相互关系,人员和机械的合理调配问题没有考虑。

2)工序单价分析法

工序单价分析法是根据施工进度计划和工程量,计算每道工序需要配置的机械数量,机械使用费按照该机械在本工序的利用率确定。

(1)工、料、机单价分析

人工和材料单价的分析,与定额单价分析法相同。机械台班单价应考虑机械运转和闲置,分两种情况计算:

$$机械闲置时台班单价 = 台班不变费用 \tag{3-3}$$

$$机械运转时台班单价 = 台班不变费用 + 台班可变费用 \tag{3-4}$$

(2)编制实施性施工计划

①拟订初步施工方案和进度计划。先确定主要工程的大体起止时间,然后把每一分项工程作为一道工序作相应的安排。

②以工序进度反算机械数量。以每道工序的主导机械控制进度,以其产量定额和该工序施工期限作为控制,反算所需机械数量,进行必要调配,并相应配备辅助机械。计算公式:

$$R_{ij} = \frac{Q_i}{T_i \cdot C_{ij} \cdot n} = \frac{Q_i \cdot S_{ij}}{T_i \cdot n} \tag{3-5}$$

式中:R_{ij}——i 工序 j 种机械的需要数量;

Q_i——i 工序的工作量;

C_{ij}——i 工序 j 种机械的产量定额;

T_i——i 工序的有效施工天数;

n——作业班制;

S_{ij}——i 工序 j 种机械的时间定额。

③以主导机械数量确定工序作业时间。

$$T_i = \frac{Q_i}{R_i \cdot C_{ij} \cdot n} = \frac{Q_i \cdot S_{ij}}{R_i \cdot n} \tag{3-6}$$

(3)确定人工数量

根据工序作业时间和劳动定额计算该工序所需的人工数量。

(4)确定工序直接工程费

$$人工费 = 人工单价 \times 工序所需总工时 \tag{3-7}$$

$$材料费 = \sum_{1}^{n}(材料单价 \times 材料消耗数量) \tag{3-8}$$

$$机械使用费 = \sum_{j=1}^{m}(j 种机械的运转单价 \times 运转台班数 + j 种机械的闲置单价 \times 闲置台班数) \tag{3-9}$$

式中:j 种机械运转台班数 = 工序作业时间 $\times j$ 种机械的配备数量 $\times$ 机械利用率;j 种机械闲置台班数 = 工序作业时间 $\times j$ 种机械的配备数量 $\times (1 -$ 机械利用率$)$。

$$工序直接工程费 = 人工费 + 材料费 + 机械使用费 \tag{3-10}$$

3) 总价控制法

总价控制法就是按实际需要算出人工、材料和机械三项费用的总额。具体的分析步骤如下：

(1) 根据施工组织方案划分专业队，按专业队工作范围配备人员和机械；
(2) 确定各机械使用的起止时间，计算机械费(闲置费和运转费分别计算)；
(3) 按进度计划确定人员总需求，并计算人工费；
(4) 根据定额和工程量，计算材料费；
(5) 汇总得到工程总直接费。

计算出总直接费后，就可以将其分摊到各分项中去。分摊有两种方法：

①先按上述几个专业组分摊，然后逐步缩小，分摊到各分项子目；

②利用当地已有报价，或掌握的市场价格，经适当调整后试分摊，把分摊后的差额再次调整，直至完全符合为止。在分摊费用时对于主要项目还可用定额单价分析法或工序分析法计算校核。

待摊费的计算待摊费是指本工程项目实际发生的，但在工程量清单里没有列项的费用，投标报价时需要分摊在相关的工程子目单价里。第 3.3.3 节所列的投标报价构成中除了人工费、材料费和机械使用费之外的所有其他费用都作为待摊费。

3.3.5 投标报价的策略和技巧

报价策略和技巧投标报价是发包人选择中标单位的主要指标之一，也是发包人和中标单位签订承包合同和进行工程结算的依据。如果报价过高，投标单位会失去中标机会；投标报价过低，投标单位即使中标，也会给自己带来亏本风险。因此，施工企业应从宏观角度出发，利用报价策略及报价编制技巧，对报价进行优化，既能达到中标的目的，又能取得较好的经济效益。

1) 报价策略

报价策略是投标人在激烈竞争的环境下，为了企业的生存与发展而可能使用的对策。报价策略运用是否得当，对投标人能否中标并获得利润影响很大。

(1) 盈利策略

即在报价中考虑了较大的利润值。这种投标策略通常在以下情况采用：建筑市场任务多；本企业任务饱满，利润丰厚；本企业对该项目拥有技术上的垄断优势。

(2) 微利保本策略

即在施工成本、利税及风险费三项费用中，降低利润目标，甚至不考虑利润。这种投标策略通常在企业工程任务不饱满，无后继工程，或已出现部分窝工的情况；建筑市场供不应求(任务少，施工企业多)，竞争对手多，本企业对该项目又无优势可言；业主按最低标定标时可采用。

(3) 低价亏损策略

即在报价中不仅不考虑企业利润，相反考虑一定的亏损后提出报价的策略。这种报价策略通常只在下列情况采用：为打入新市场，取得拓宽市场的立足点；在本企业优势领域里，为挤垮竞争对手；在竞争十分激烈的情况下，为中标而不惜血本压低标价；本企业已大量窝工，严重亏损，如果能承担该工程至少可以使部分人工、机械运转，减少亏损。使用该种投标策略时应注意以下事项：第一，业主肯定是按最低价确定中标单位；第二，这种报价方法属于正当的商业竞争行为(不正当竞争行为是一种违法行为)。

(4)冒险投标策略

即在报价中不考虑风险费用。这是一种冒险行为,如果风险不发生,即意味着承包人的报价成功;如果风险发生,则意味着承包人要承担极大的风险损失。这种报价策略同样只在市场竞争激烈,承包人急于寻找施工任务或着眼于打入该建筑市场,甚至独占该建筑市场(以后靠长期经营挽回损失)时,才予以采用。

2)报价技巧

(1)不平衡报价法

不平衡报价法是相对于通常的平衡报价及正常报价而言的。它是指不影响总报价水平的前提下,将某些项目的单价定得比正常水平低些,而将另一些项目的单价定得比正常水平高些,在保证报价的竞争力的前提下,能够尽早地取得支付款,增加流动资金,缩小投资风险,以期最终取得较好的经济效益。

通常采用的不平衡报价法主要有下列两种情况:

①提高前期施工项目的单价,降低后期施工项目的单价

这种方法是投标人在投标报价时,将应按比例摊入各项目单价中的各种管理费用,如工程贷款利息、投标期间的开支费用等多摊一些到前期施工的项目单价中,少摊一些到后期施工项目的单价中。根据项目的实际情况,有时对清单项目单价直接进行调整。这样承包商可在工程的前期支付到更多的工程款,从而有利于资金的周转,有利于减少贷款利息支出。这种不平衡报价法,对于总价合同及单价合同都能适用。对于总价合同,可直接应用于单项工程报价;对于单价合同,则可应用于分部、分项工程报价。

在具体运用时应注意以下几点:

a.通过对施工工艺及施工方案进行深入,透彻地分析后,准确把握项目施工的前后顺序。

b.应通过对招标文件清单工程量的复核,选择预计工程量不会产生重大变化的项目进行这种不平衡报价。因为如果前期施工项目在工程施工中由于业主或其他方面的原因而大幅度减少了工程量,后期施工项目的工程量大幅度增加时,则有可能使承包商达不到预期的收益,甚至造成亏损。

c.用这种方法进行不平衡报价时,单价的调整幅度不宜过大,一般认为在4%~8%较为适宜。即前期施工项目的单价的提价幅度一般只能在4%~8%;相应地,后期施工项目的单价的降价幅度也应在4%~8%。因为调整幅度过大,与正常价格水平偏离过多,容易被招标人发现而被视为"不合理报价",从而降低中标机会甚至有可能被当作废标处理。

②按工程量变化趋势调整单价

这种不平衡报价法适用于单价合同,这种合同形式的招标文件中都列有较详细的工程量清单,而工程款则是按实际完成的工程量计算。由于工程设计深度或设计单位等方面的原因,招标文件中所附的工程量清单的精度往往不是很高。投标人若通过清单工程量复核发现有分部、分项工程的预计工程量出现了过多或过少的情况时,就可以按工程量变化趋势调整单价:对那些招标文件的工程量清单中工程量偏小,在工程实施过程中工程量预计增加的项目适当提高其单价;而对那些招标文件的工程量清单中工程量偏大,在工程实施过程中工程量预计减小的项目,则适当降低其单价。这样经过调整后,投标总报价维持不变,但在之后的工程施工中,承包商将会得到更多的工程支付款,即承包商的竣工结算金额将超过清单总价,这样就获得了更多的利润。

在具体运用时应注意以下两点:

a.应通过工程量复核,在对工程量变化趋势确有把握时,才能使用这种不平衡报价法。

b.用这种方法进行不平衡报价的项目的单价的调整幅度也不宜过大,一般应在±10%以内。即对预计在工程实施过程中,工程量将增加的项目的单价的提价幅度应在10%以内;同样的,对预计在工程实施过程中,工程量将减少的项目的单价的降价幅度也应在10%以内。

(2)增加建议方案法

有时招标文件中规定,可以提出建议方案,即可以修改原设计方案,提出投标人的方案。这时投标人应组织一批有经验的设计和施工方面的工程师,对原招标文件的设计和施工方案进行仔细研究,提出更合理的设计方案以吸引招标人,促成自己的建议方案中标。这种新的建议方案要可以降低总造价或提前竣工或使工程设计更合理。但是要注意,对原招标方案一定要报价,以供招标人比较。增加建议方案时,不要将方案写得太具体,保留方案的技术关键,防止招标人将此方案交给其他承包商。同时要强调的是,建议方案一定要比较成熟,或有这方面的实践经验。因为投标时间不长,如果仅为中标而匆忙提出一些没有把握的建议方案,可能会引起后患。

(3)突然降价法

突然降价法投标过程中,各投标人之间往往通过各种渠道、各种手段相互刺探对方标价。具体操作中可以先按一般水平编制投标报价,采取措施故意泄露自己编制报价的一些情况,同时考虑好最终降价的幅度,投标截止时间以前突然降价,令竞争对手猝不及防,以提高标价的竞争力。

(4)优惠条件取胜法

投标时主动提出提高质量、缩短工期、优化支付条件、免费培训或转让新技术和新工艺等优惠措施,取得招标人的认可,有利于中标。

本章小结

本章主要介绍了道桥工程项目施工招标、投标的概念、目的和性质;道桥施工招标的分类与招标方式;招标文件的组成,以及澄清、修改和异议的一些注意事项;招标程序的主要流程;投标文件的构成;工程量清单的组成与编制;介绍了招标控制价的概念、作用、编制依据、程序与要点;对于投标,介绍了投标报价的程序、构成和计算;讲述了投标报价文件的编制,论述了投标报价的策略和技巧。

课后习题

1.什么是招标控制价?其作用是什么?
2.招标控制价的编制依据有哪些?
3.简述招标控制价编制的工作程序。
4.投标报价由哪几部分组成?
5.投标报价的策略和技巧有哪些?
6.案例分析:某承包商通过资格预审后,对招标文件进行了仔细分析,发现业主所提出的工期要求过于苛刻,且合同条款中规定每拖延1天工期罚合同价的1/1000。若要保证实现该工期要求,必须采取特殊措施,从而大大增加成本;还发现原设计结构方案采用框架剪力墙体系过于保守。因此，该承包商在投标文件中说明业主的工期要求难以实现，因而按自己认为的合理工期(比业主要求的工期增加3个月)编制施工进度计划并据此报价；还建议将框架剪力墙体系改为框架体系，并对这两种结构体系进行了技术经济分析和比较，证明框架体系不仅能保证工程结构的可靠性和安全性、增加使用面积、提高空间利用的灵活性，而且可降低造价约3%。

该承包商将技术标和商务标分别封装，在封口处加盖本单位公章和项目经理签字后，在投标截止日期前1天上午将投标文件报送业主。次日(即投标截止日当天)下午，在规定的开标时间前1小时，该承包商又递交了一份补充材料，其中声明将原报价降低4%。但是，招标单位的有关工作人员认为，根据国际上"一标一投"的惯例，一个承包商不得递交两份投标文件，因而拒收承包商的补充材料。

开标会由市招标办的工作人员主持，市公证处有关人员到会，各投标单位代表均到场。开标前，市公证处人员对各投标单位的资质进行审查，并对所有投标文件进行审查，确认所有投标文件均有效后，正式开标。主持人宣读投标单位名称、投标价格、投标工期和有关投标文件的重要说明。

问题：

(1) 该承包商运用了哪几种投标技巧？其运用是否得当？请逐一说明。

(2) 从所介绍的背景资料来看，在该项目招标程序中存在哪些问题？请分别说明。

第4章 "纵横公路工程造价管理系统"软件介绍及操作入门

课前导读

【基本要求】 了解软件的应用范围、掌握软件安装过程。
【本章重点】 了解软件的开发依据,熟练掌握软件基本操作。
【本章难点】 熟练掌握软件的主要功能及特性。

4.1 "纵横公路工程造价管理系统"软件介绍

4.1.1 主要功能和特性

①原创模板克隆功能,快速组价的同时,实现预算标准化与知识积累,引发用户丰富的想象力。

造价编制中的问题:

a. 单位里不同人做的预算差异太大,如何提高预算标准化程度？如何积累知识？
b. 如何实现造价指标分析(脑力劳动)与计算定额工程量(体力劳动)两者的分工？
c. 如何提高设计方案比选与造价审查的效率？
d. 我是初学者,这份预算怎么做,有没有可以参考的模板？
e. A标预算已编制完成,如何能快速完成B标、C标(如何利用历史项目预算,完成新项目的定额套用)？

解决方案:

a. 用户可以逐步建立一个项目定额组价的模板库,让不同的预算人员使用。
b. 使用共同的模板后,快速保证了预算文件编制的统一性。让预算员摘录图纸工程量,造价审查人员专注于指标分析。
c. 模板克隆,自动按分解系数计算定额工程量,让同类构造物具备相同单价指标,便于快速判断设计方案造价。
d. 初学者可使用系统自带模板,或本单位内部模板,迅速上路。
e. 将A标变成模板,克隆到B标、C标中(将历史项目变成模板,克隆到新项目中)。

②原创造价审查功能模块,源于造价站审查需求,自然更体贴。

a.查找定位:并列显示预算书中同名分项单价指标,便于快速发现单价指标过高过低的分项。

b.图纸工程量窗口:用户可将设置位置、图号、图纸工程量等详细信息填在此处,便于审查时核对原始数据。

c.审查报表:多预算书间的单价偏差对比表、工料机费用权重表等一系列审查报表,满足项目间的单价指标、费用组成等多角度分析要求。

③数据还原功能全面保障操作安全,无惧误删除、误操作。

a.真正的撤销功能:误删除节点数据,都可以即时从节点回收站恢复,是纵横软件易用性的重大提升。

b.数据还原点:可为一个预算书保存多个还原点,一旦文件误删除、误操作,可随时回到上一次保存状态。

④增强报表定制服务,解决投标急需的特殊报表。

用户可以享受到报表定制服务。十余年来,软件已为广大投标人定制了超过3000张特殊报表,缩短让造价人加班时间,现在软件的报表功能又进一步加强,可以输出竖排的页眉页脚。

⑤软件具有强大的 EXCEL 兼容性,可在系统界面与 EXCEL 间相互复制任意数据。

可交叉复制定额号、工程量、材料预算价、计算结果等等,进行加工或分析,如进行调价方案比选等。

⑥软件更利于多人协同工作,方便编制多分段大型项目概预算。

a.支持多预算书间窗口平铺、数据直接相互复制,无须导入导出,就像在两个 EXCEL 文件中复制操作一样简单。

b.支持导出导入块文件,用 U 盘或 QQ 交换预算书的某个节点块文件。

⑦彻底改造传统软件的调价功能,深入至原始计算数据的每一个细节,在最短的时间内实现任意清单单价调整构思,软件是顶尖造价工程师的至爱。

在激烈的投标竞争中,"速度"就是制胜武器。软件特别强化了清单调价功能:

a.可成批调清单的"工料机消耗量、清单单价、费率";乘系数后,所有单价分析表数据自动调整。

b.实时同屏显示调价前后清单单价、金额对照,快速判断调价合理性。

c.所有报表均可输出调价前、调价后两套报表,视不同需要灵活调用。

d.反向调价。当已明确某清单的最终报价,可直接输入清单单价,系统自动反算调价系数,计算工料机数据,配合单价分析报表数据输出。

⑧软件使定额容易找到、容易调整,新技术降低了造价的门槛。

a.独创智能定额逼近,边输入,边提示下一级定额。

b.鼠标双击定额编号列(或输入定额编号数字),系统智能逼近所需的定额,逐步提示,无须死记定额号。

c.定额模糊查找。

d.只需输入定额名称中的关键字,对应定额自动过滤出来,省去手工查找定额的麻烦。

e.独创智能定额调整。

f.提炼定额附注说明成为选项,视实际施工方案进行选取,既是定额调整的提示,也是操作的捷径。

g.厚度、运距调整,只需输入实际值,其他一切自动完成。

h.查找辅助定额、自动改写定额名称、自动计算分项单价……摒弃旧式造价软件反复查找定额、输增量的模式,降低人为操作错误发生率。

⑨支持费用分摊。

清单往往没有列明、又用在多条清单上的合理费用,如混凝土搅拌站、弃土场建设等,需要按报价策略进行分摊。软件的分摊操作直观明了,同屏显示分摊结果。一改旧式软件的复杂操作。分摊细目作为一道工序体现在所有单价分析表中,而不仅仅只是出现一个金额。

4.1.2 开发依据及应用范围

1) 开发依据

①《公路工程建设项目概算预算编制办法》(JTG 3830—2018);
②《公路工程建设项目投资估算编制办法》(JTG 3820—2018);
③《公路工程预算定额》(JTG/T 3832—2018);
④《公路工程概算定额》(JTG/T 3831—2018);
⑤《公路工程估算定额》(JTG/T 3821—2018);
⑥《公路工程机械台班费用定额》(JTG/T 3833—2018);
⑦《公路工程建设项目造价文件管理导则》(JTG 3810—2017);
⑧《公路工程标准施工招标文件》(2018 年版);
⑨各省、市、自治区交通厅(局)发布的《公路工程基本建设项目概算预算编制办法补充规定》《补充定额》《养路费车船税标准》等相关文件;
⑩国家发布的有关法律、法规、规章、规程等。

2) 应用范围

软件适用于施工投标、施工成本管理、项目招标、项目审计审核、设计、监理等。

项目业主能有效地对多项目实行投资审核与监管。

工程设计单位使用本软件,便于协同工作、重复修改和多方案比较。

施工单位能快速、准确地编制投标书,成倍提高效率,大大增强竞争力。

咨询机构可以快速地向客户提交咨询方案或结果、进行项目审核。

4.1.3 下载安装与注册

①登录纵横公司官方网站:www.smartcost.com.cn,进入"产品下载",在弹出窗口中点击"立即下载纵横 Z+"按钮进行下载安装"纵横 Z+工作平台",如图 4-1~图 4-5 所示。

安装完成后,在 Z+平台中左下角,点击"下载中心"下载对应版本软件进行使用。

点击"详情"按钮,进入下载页面,选择对应版本开始下载。

找到对应的版本,点击下载,如免费网络版,点击下载即可。

点击"点击安装软件"按钮,进入安装界面,按照提示安装即可。

> **温馨提示:**
> 建议请将软件安装在非系统盘(如 D:\Program Files\纵横软件\)。安装完成后,登录通行账户使用网络版或插上软件加密锁即可使用正式版。

图 4-1　下载安装程序

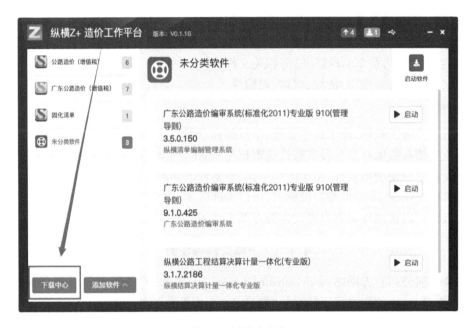

图 4-2　下载安装程序

②如何注册通行账号。

注册纵横通行账号 http://sso.smartcost.com.cn/reg。

注册完成,登录账号即可启动使用网络版,如图 4-6 所示。

③如何注册纵横公路造价正式版软件。

注册方式:手工输入注册码。

首先,打开软件,单击帮助菜单/产品注册/下一步/下一步/选择"手工输入注册码"。

然后,将注册码复制粘贴到"注册码"栏内,软件注册即可完成。

图 4-3　下载安装程序

图 4-4　下载安装程序

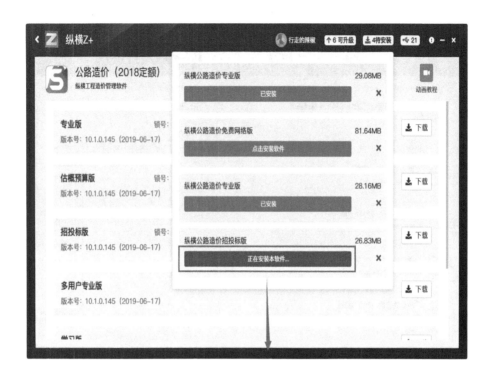

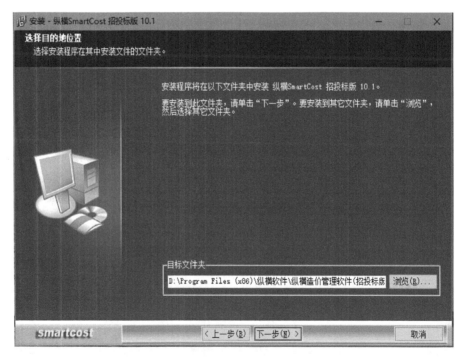

图 4-5 下载安装程序

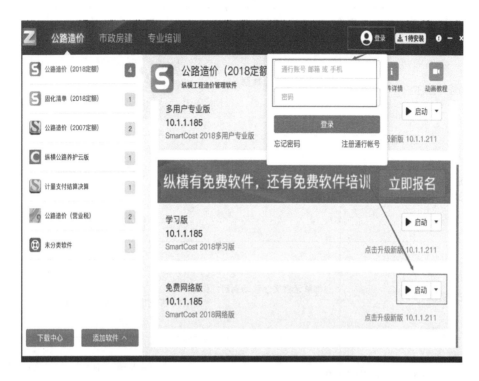

图 4-6　注册通行账号

> **温馨提示：**
> 如有疑问请随时致电销售代表或纵横客服热线:0756-3850888。

4.1.4　版本介绍

正式版:销售版,安装次数不限,配备软件加密狗,具备全部功能。
网络版:免费版,安装次数不限,需联网使用,具备打印及输出功能。
学习版:免费版,安装次数不限,无须联网,不具备打印及输出功能。
免费网络版、免费学习版数据与正式版数据相互兼容。

4.2　"纵横公路工程造价管理系统"基础入门

4.2.1　基本操作

以下操作适用于所有界面,了解它们,将进一步提高效率,见表4-1。
(1)快速定位
点击"定位至…"选择目标章,则保持清单显示样式不变,快速定位至所需章,缩窄查找范围。避免频繁使用滚动条,如图4-7 所示。

基 本 操 作

表 4-1

操 作	应 用	示 例
批量选择 左键拖动选择,涂蓝	一次处理多个数据	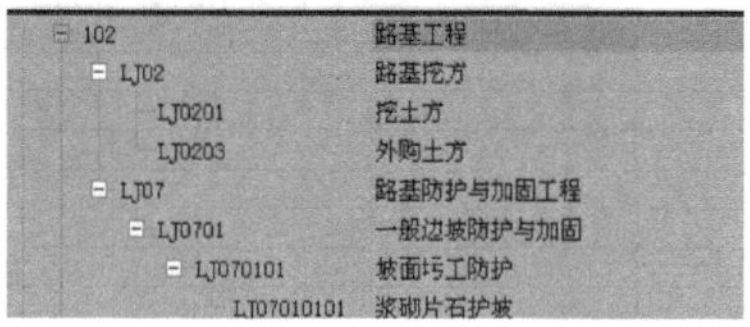
拖动复制 拖动单元格右下角的小十字	对连续相近的项目,复制后稍作修改	例,有3个不同厚度的路面清单 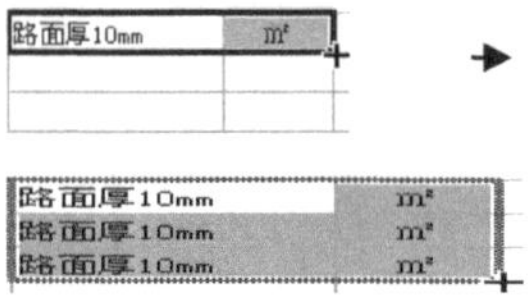
移动单元格 拖动单元格边缘✢	将单元格文字移动到目标位置	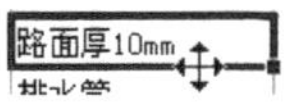 可成批移动,先拖动选择(涂蓝),再操作
复制单元格 拖动单元格边缘✢的同时,按 Ctrl	对类似的项目,复制后稍作修改	可成批复制,先拖动选择(涂蓝),再操作

图 4-7 快速定位

(2)快速查看各级计算结果汇总视图

点击"显示至…"查看项目节各层次,如图4-8所示。

(3)多个项目同时打开

可同时打开多个项目,切换查看数据,如图4-9所示。

(4)多个项目横向或者纵向对比

点击"窗口",选择"横向平铺"或"纵向平铺",可实现多个项目对比,直接复制数据,无须切换,如图4-10所示。

图 4-8　快速查看各级计算结果汇总视图

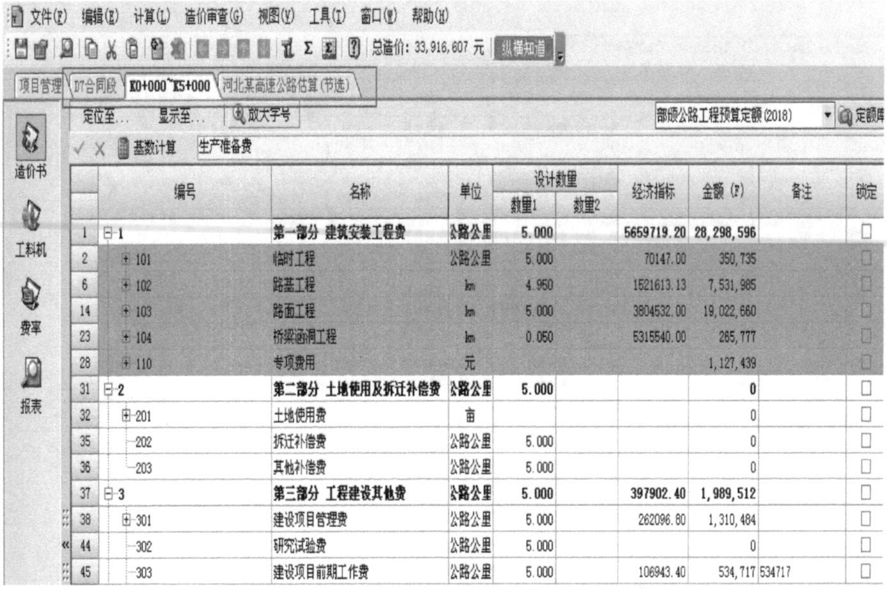

图 4-9　多个项目同时打开

(5) 切换字号

点击窗口栏"放大字号",切换至较大字号;点击"还原字号",还原至默认字号,如图 4-11 所示。

(6) 书签功能

鼠标右键"设置书签批注"可实现如 word 文档一样的批注功能,黄色的书签痕迹,便于实时对比审核,如需取消书签,则直接删除书签即可,如图 4-12 所示。

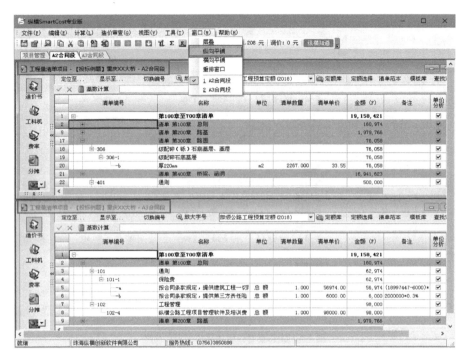

图 4-10　多个项目横向或纵向对比

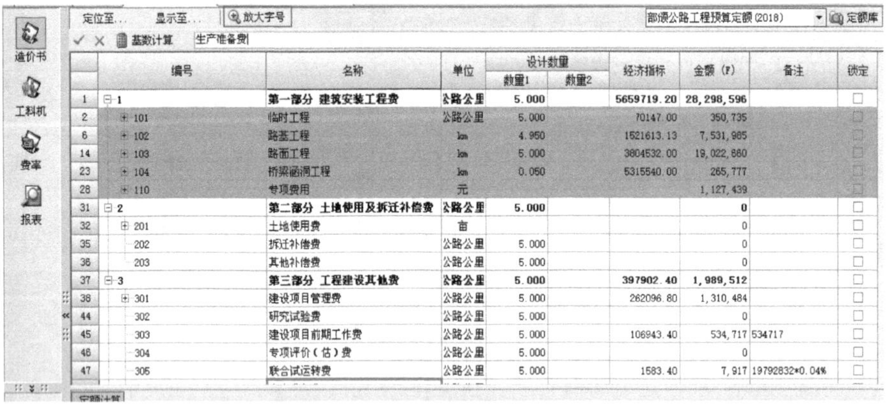

图 4-11　切换字号

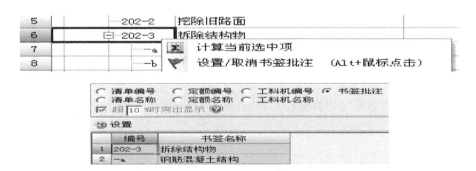

图 4-12　书签功能

4.2.2 菜单认识

①文件栏:新建项目,导入导出建设项目等功能。

②编辑栏:复制粘贴等编辑功能。

③计算栏:造价计算。

④造价审查栏:审核对比功能。

⑤视图栏:导航栏切换及特殊符号选择功能。

⑥工具栏:编制时需要用到的常用功能。

⑦窗口栏:实现多个项目对比。

⑧帮助栏:提供了 2018 编制办法及章节说明、官方教程、检查更新以及版权信息等辅助功能,如图 4-13 所示。

图 4-13 菜单认识

本章小结

1. 熟练掌控软件操作。

2. 规范编制造价文件。

3. 注册通行账号并登陆纵横公路造价网络版 V10.1。

课后习题

1. 注册通行账号、下载网络版软件并启动软件。

2. 模板克隆功能的作用有哪些?

3. 软件操作中如何打开多个项目?

第 5 章 "纵横公路工程造价管理系统"软件应用

课 前 导 读

【基本要求】 熟练掌握软件基本操作。
【本章重点】 学会使用软件编制概预算及招投标项目。
【本章难点】 了解招投标和概预算的区别;明确造价编制前的准备工作;按照流程进行造价编制。

5.1 "纵横公路工程造价管理系统"编制概(预)算操作流程

5.1.1 编制工程造价前的准备工作

1)熟悉施工图纸
①只有熟悉施工图纸,才能了解设计意图正确选用定额,准确计算工程量。
②预算人员应参加图纸会审及技术交底工作,以便进一步分析施工的可能性,发现问题后及时向设计单位提出建议,既可使设计更加经济合理,也使得准确把握施工做法。

2)了解现场情况和施工组织设计资料
①应全面了解现场施工条件、施工方法、技术组织措施、施工设备、器材供应情况,并通过踏勘施工现场补充有关资料。
②预算人员应和施工人员相配合,按照施工需要,分层分段计算工程量,为编制材料供应计划,制定月、季度施工形象进度计划和安排全年施工任务提供方便,避免重复劳动。

3)确定定额依据
①定额制度规定"干什么工程执行什么定额"。
②预算人员应熟悉预算定额的工程量计算方法、定额子目的工作内容,根据具体工程的图纸设计、现场踏勘等情况选套定额。
③预算人员应对施工中可能出现的新增工程、变更工程作出合理预测,确定新增/变更工程套用的定额。

5.1.2 编制公路工程概(预)算基本操作流程

公路工程概(预)算基本操作流程如图 5-1 所示。

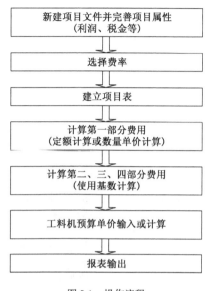

图 5-1 操作流程

5.1.3 建立项目文件

(1)打开项目文件

打开软件,点击文件菜单/新建,或点击快捷菜单栏新建项目文件图标,弹出新建项目对话框,依次填入文件名称,建设项目名称及文件(文件按默认设置)即可,最后选择"项目类型",点击确定(图 5-2)。

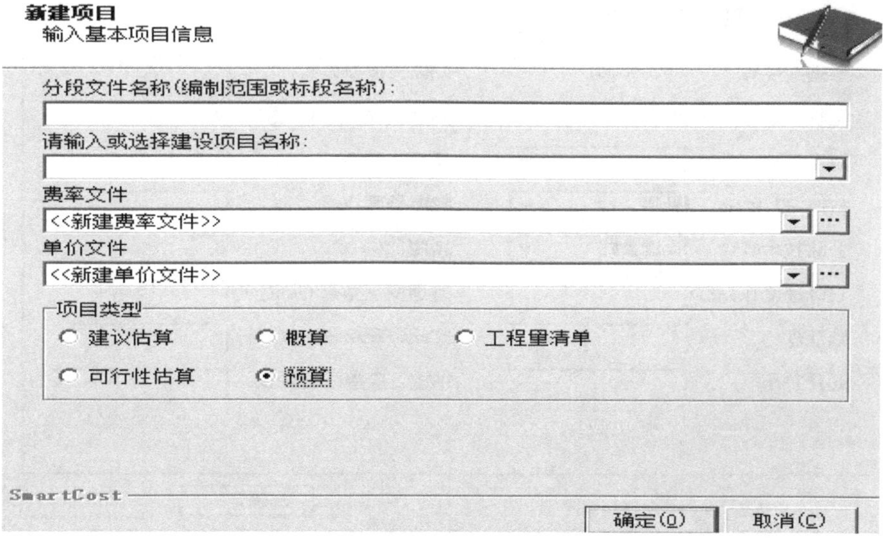

图 5-2 建立项目文件

> **温馨提示:**
> 在编制概预算时,项目文件夹名称一般以建设项目的名称命名,文件名称一般以编制范围命名。

(2)设定项目属性及属性参数(利润、税金等)

①基本信息。

点击文件菜单/项目属性,基本信息窗口中输入编制范围、编制人等信息。此处数据与报表页眉页脚输出关联(图5-3)。

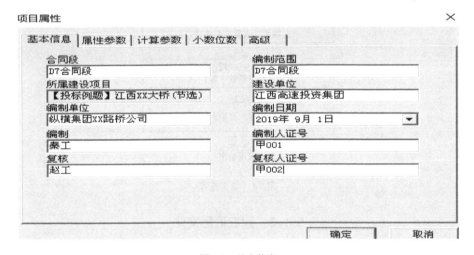

图5-3 基本信息

②属性参数。

填写公路技术等级、起止桩号等技术数据,此处数据不参与计算(图5-4)。

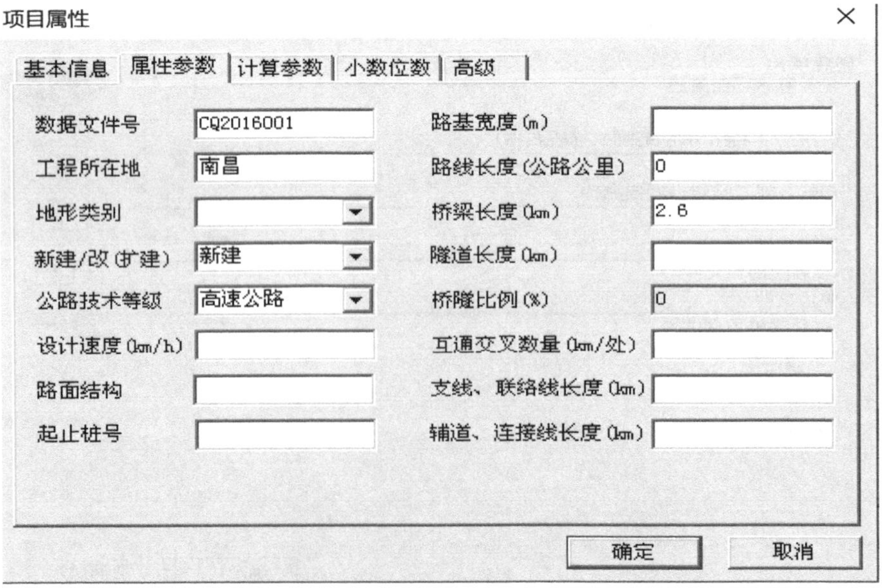

图5-4 属性参数

③计算参数。

可设置利润、税金、辅助生产间接费率、机械不变费用系数、是否计算高原地区施工增加费等计算参数(图5-5)。

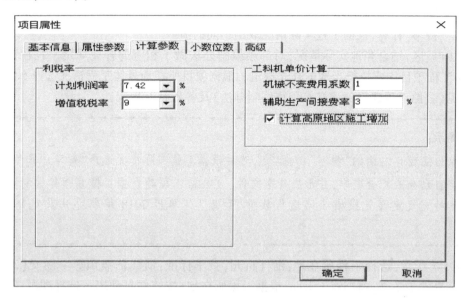

图5-5 计算参数

④小数位数。

在小数位数窗口中,打钩"本分段工程单独设置",即可设置本分段中各数据的精度(图5-6)。

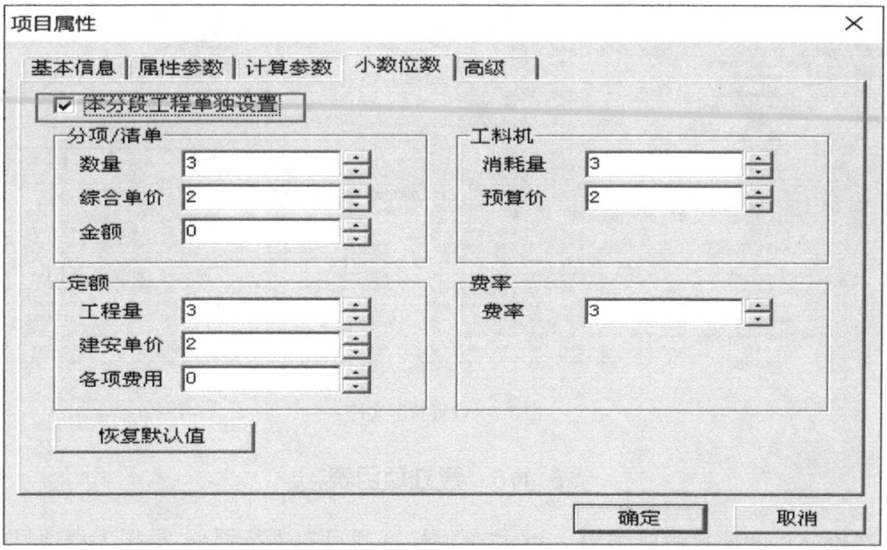

图5-6 小数位数

▶说明:

设置计算小数位数适应于一些对计算精度较高的项目,主要是清单工程量较小的项目,如小型建设项目清单编制、清单变更预算等。

本精度设置符合公路造价习惯,将"定额-各项费用"设置成"3位"小数,计算精度即可满足绝大部分要求。其他精度值如非必要,请勿随意修改。

5.1.4 确定费率文件

费率文件主要是指公路工程的措施费、企业管理费、规费等费用的费率,措施费根据相应基数,乘以"费率"计算,根据工程实际情况取用不同的值。

各省(市、区)结合当地实际情况,对部颁编制办法做了相应的补充规定。凡在该地区建设的公路工程项目均要执行当地的补充规定。根据项目所在地具体工程情况选择不同的费率标准(详见《公路工程建设项目概算预算编制办法》及各省补充规定)。

> **温馨提示:**
> 点击主窗口左侧的"费率"图标 ,然后根据工程实际情况选择"费率计算参数",系统会自动生成综合费率,并形成费率文件。《公路工程建设项目概算预算编制办法》及各省补充规定详见纵横公路造价软件"帮助"菜单栏 2018 编制办法及定额章节说明。

如图 5-7 所示,选择工程所在地:浙江杭州;费率标准:浙江估概预算 – 浙交【2019】116 号,将鼠标悬停于冬季、雨季施工上面,根据工程所在地,按软件自动提示选择即可;其他各项参数根据工程所在地实际情况选择。

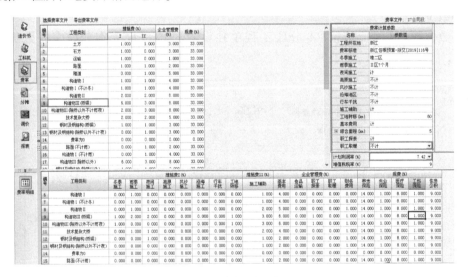

图 5-7 确定费率文件

5.1.5 建立项目表

建立造价文件的项目组成结构,一般按部颁标准项目表进行划分,根据工程项目的规模不同,项目表的划分可粗可细。具体注意事项:

①概、预算项目应按项目表的序列及内容编制,如实际出现的工程和费用项目与项目表的内容不完全相符时,一、二、三、四、五部分和"项"的序号、内容应保留不变,项目表中的"项"以下的分项在引用时应保持序号、内容不变,缺少的分项内容可随需要就近增加,并按项目表的顺序以实际出现的级别依次排列,不保留缺少的"项"以下的项目序号。

②分项编号采用部(1 位数)项(2 位数)目(2 位数)节(2 位数)细目(2 位数)组成,以部、项、目、节、细目等依次逐层展开(图 5-8)。

	编号	名称	单位	设计数量		经济指标	金额(F)	备注	锁定
				数量1	数量2				
1	1	**第一部分 建筑安装工程费**	公路公里				232,155,331		
2	101	临时工程	公路公里	2.350		727193.62	1,708,905		
3	10101	临时道路	km	0.400		343272.50	137,309		
4	1010101	临时便道(修建、拆除与维护)	km	0.400		343272.50	137,309		
5	10106	拌和设备安拆	座	3.000		523865.33	1,571,596		
6	102	路基工程	km	0.846		32778224.59	27,730,378		
47	103	路面工程	km	24.190		5410676.40	130,884,262		
69	104	桥梁涵洞工程	km	0.529		119697744.80	63,320,107		
99	105	隧道工程	km/座				0		
100	106	交叉工程	处				0		
101	107	交通工程及沿线设施	公路公里	2.350		94220.43	221,418		
106	108	绿化及环境保护工程	公路公里				0		
107	109	其他工程	公路公里				0		
108	110	专项费用	元				8,290,261		
111	2	**第二部分 土地使用及拆迁补偿费**	公路公里				0		
117	3	**第三部分 工程建设其他费**	公路公里				17,818,901		
139	4	**第四部分 预备费**	公路公里				0		
140	401	基本预备费	公路公里				0		
141	402	价差预备费	公路公里				0	0	
142	5	**第一至四部分合计**	公路公里				249,974,232	232155331+0+17	
143	6	**建设期贷款利息**	公路公里				0		
144		**新增加费用项目**	元				0		
145		*请在此输入费用项目					0		
146	7	**公路基本造价**	公路公里				249,974,232	249974232+0+0	
147									

图 5-8 建立项目表

纵横公路造价软件采用独有的树表结构,分项结构及计算结果同屏显示,一览无遗。纵横公路造价软件按以下步骤建立概预算项目表:

①点击“造价书”,点击右上角的“项目表”图标,展开“项目表”,直接双击该分项名称,然后填写“数量”即可。

②对于标准项目表中没有的分项,即非标准项,可以通过鼠标右键或工具栏上的“插入”按钮插入非标准项,输入非标准项“编号”“名称”“单位”“数量”即可,如外购土方(图 5-9)。

	编号	名称	单位	设计
				数量1
1	1	**第一部分 建筑安装工程费**	**公路公里**	
2	101	临时工程	公路公里	48.002
11	102	路基工程	km	
12	LJ01	场地清理	km	
13	LJ0101	清理与掘除	km	
14	LJ010101	清理现场	m3	1007471.000
15	LJ02	路基挖方	m3	
16	LJ0201	挖土方	m3	1816929.900
17	LJ0202	挖石方	m3	1546370.000
18	LJ0203	挖淤泥	m3	9623.300
19	LJ0204	外购土方(非标准项)	m3	12580.000
20	LJ03	路基填方	m3	

图 5-9 建立项目表

温馨提示:

①若建立的项目表需调整层次时,可通过工具栏快捷键→(降级)、←(升级)、↑(上移)、↓(下移)方向键调整,如图。

②若要删除某分项,可选择该“项目”点击按钮“”,或右键“删除”即可。

5.1.6　分项的定额选择与定额调整

5.1.6.1　选定额,输入工程量

套定额常用方法:
①从定额选择中选择定额。
②使用"定额搜索"查找定额。

操作要点:

①选中需套定额的分项→点击"造价书"界面右上角的"定额选择"→在相应的定额章节中找到需要套用的定额后,双击或添加定额即可。

②定额搜索:选中需套定额的分项,点击"定额选择",切换到定额搜索选项卡窗口,在该窗口中输入需要查找的定额名称的关键字,如输入"交工"后回车,系统会查找出当前定额库中所有含有"交工"字样的定额(图 5-10)。

图 5-10　定额选择

5.1.6.2　定额调整

当定额的工作内容和计算分项的工作内容不完全一致时,要对定额进行必要的调整。纵横公路造价软件的定额调整分为:工料机/混凝土、附注条件、辅助定额、稳定土。

选中要调整的定额细目,点击定额调整按钮,软件弹出"定额调整"窗口,如图 5-11 所示。

图 5-11 定额调整

1) 工料机/混凝土

在工料机/混凝土界面,可进行工料机抽换、新增工料机、调整定额消耗量、预算价调整(如改砂浆号、换混凝土强度等级)等调整。

(1) 替换混凝土强度等级

将 C30 混凝土替换为 C35 混凝土。选中需要调整的定额(如 4-7-4-2),点击"定额调整"–"工料机/混凝土",右键选中需要替换的砂浆,选择"替换混凝土",在弹出的"工料机库"中,选择 C35 混凝土,勾选确定即可(图 5-12)。

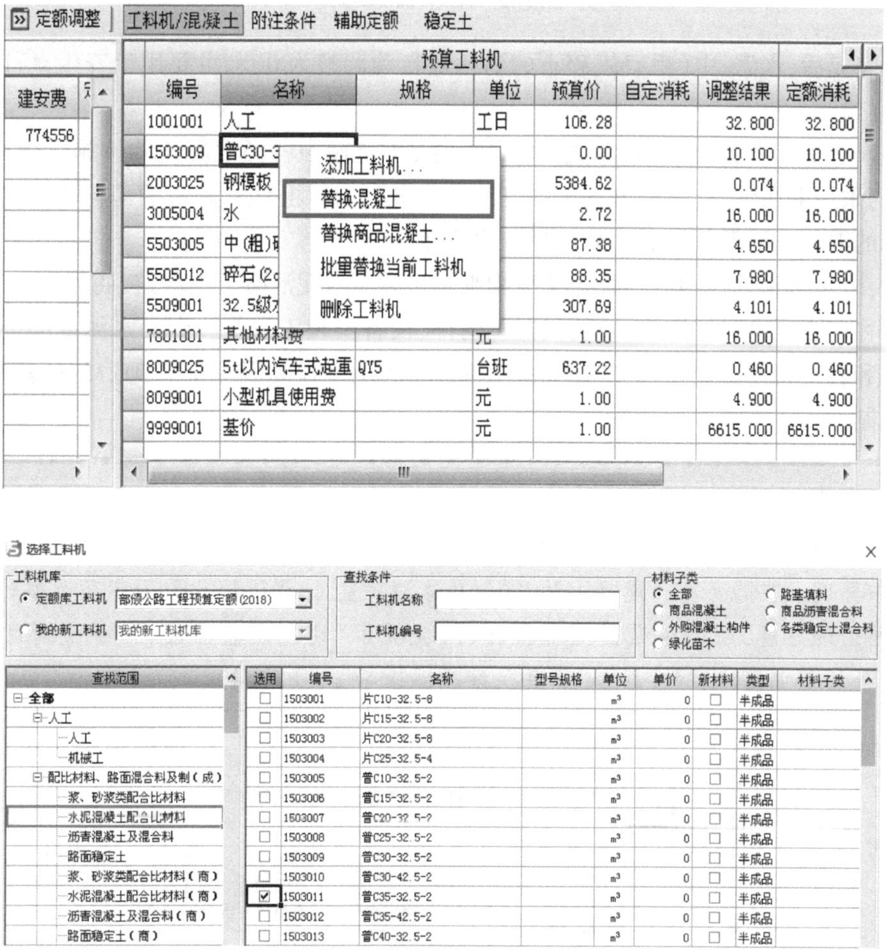

图 5-12 替换混凝土强度等级

(2)替换商品混凝土

选中需要调整的定额(如 4-6-10-2),点击"定额调整"-"工料机/混凝土"-选中"C50 号普通混凝土 42.5 水泥 2cm 碎石"-右键-选择"替换商品混凝土"-弹出"工料机库"-找到需要替换的商品混凝土即可(图 5-13)。

	编号	名称	规格	单位	预算价	自定消耗
	1001001	人工		工日	106.28	
	1503069	泵C50-42.5-2		m³	0.00	0.000
S	1511018	普C50-42.5-2(商)		m³	0.00	10.400
	2001001	HPB300钢筋		t	3465.00	
	2001002	HRB400钢筋		t	3465.00	
	2003004	型钢	工字钢,角钢	t	3455.00	
	2003008	钢管	无缝钢管	t	5310.00	
	2003025	钢模板	各类定型大块钢模	t	4985.00	
	2009028	铁件	铁件	kg	4.11	
	3005004	水		m³	2.72	
	4003001	原木	混合规格	m³	1150.00	
	4003002	锯材	中板δ=19~35mm	m³	1350.00	
	5503005	中(粗)砂	混凝土、砂浆用堆	m³	130.00	
	5505012	碎石(2cm)	最大粒径2cm堆方	m³	88.35	

图 5-13 替换商品混凝土

替换完成后,水泥、中(粗)砂、碎石的消耗量自动调整为 0,水主要用于养生,所以消耗量未调整。

原理:《公路工程预算定额》总说明第十一条,本定额中各类混凝土均按施工现场拌和进行编制,当采用商品混凝土时,可将相关定额中的水泥、中(粗)砂、碎石的消耗量扣除,并按定额中所列的混凝土消耗量增加商品混凝土的消耗。

注意:取费类别选择构造物Ⅲ。构造物Ⅲ是指商品水泥混凝土的浇筑、商品沥青混合料和各类商品稳定土混合料的铺筑、外购混凝土构件、设备安装工程等。商品水泥混凝土、商品沥青混合料和各类稳定土混合料、外购混凝土构件不作为措施费及企业管理费的计算基数。详见部颁编制办法。

> **温馨提示**:
> 水泥混凝土定额替换商品混凝土时,系统会自动弹出"询问"窗口(如图),提示请先调整厚度。在购买商品混凝土时,须知具体消耗量,水泥混凝土路面定额调整时应先确定路面的厚度,所以在纵横软件操作时,会提示"请先调整厚度,再替换商品混凝土"。不需要调整厚度时,点击"确定",继续操作即可(图 5-14)。

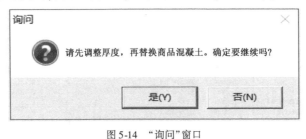

图 5-14 "询问"窗口

(3)沥青路面定额可调油石比

《公路工程预算定额》中沥青路面是按一定的油石比编制的,当设计采用的油石比与定额不同时,可按设计油石比调整定额中的沥青用量(图5-15)。

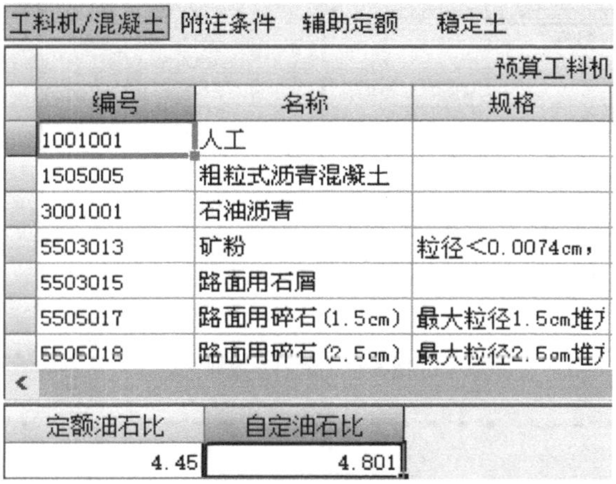

图5-15 沥青路面定额可调油石比

选中需要调整的定额(如2-2-11-5),点击"定额调整"–"工料机/混凝土",在"自定油石比"中输入设计油石比,石油沥青的消耗量根据内置公式自动计算。换算公式如下:

$$S_i = S_d \cdot L_i / L_d \tag{5-1}$$

式中:S_i——按设计油石比换算后的沥青数量;

S_d——定额中的沥青数量;

L_d——定额中标明的油石比;

L_i——设计采用的油石比。

(4)添加外掺剂

定额中各类混凝土均未考虑外掺剂的费用,如设计需要添加外掺剂时,可按设计要求另行计算外掺剂的费用并适当调整定额中的水泥用量。

如:粉剂FDN-9000缓凝高效减水剂,掺量为水泥的0.3%,5000元/t,掺后节约水泥15%。

选中需要添加外掺剂的定额(如4-6-10-2),点击"定额调整"-"工料机/混凝土",在工料机界面右键选择"添加工料机",在弹出的"选择工料机"窗口左下角点击"新增工料机",并在弹出的"新工料机"窗口中输入外掺剂的参数,点击保存,关闭(图5-16)。

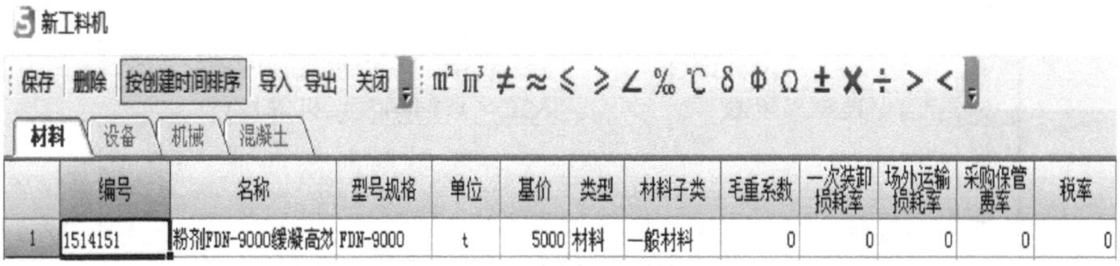

图5-16 添加外掺剂

在"我的新工料机"窗口中勾选新增的外掺剂,点击确定即可。

切换到定额调整-工料机/混凝土窗口中,根据要求,计算并输入水泥和外掺剂的"自定消耗",这样就完成了添加外掺剂的操作,如图5-17所示。

工料机/混凝土　附注条件　辅助定额　稳定土

预算工料机							
编号	名称	规格	单位	预算价	自定消耗	调整结果	定额消耗
1001001	人工		工日	108.02		11.600	11.600
1503069	泵C50-42.5-2		m^3	0.00		10.400	10.400
1514151	粉剂FDN-9000缓凝	FDN-9000	t	5000.00	10.020	10.020	0.000
2001001	HPB300钢筋		t	3333.33		0.001	0.001
2001002	HRB400钢筋		t	3247.86		0.007	0.007
2003004	型钢	工字钢，角钢	t	3504.27		0.009	0.009
2003008	钢管	无缝钢管	t	4179.49		0.002	0.002
2003025	钢模板	各类定型大块钢	t	5384.62		0.093	0.093
2009028	铁件	铁件	kg	4.53		0.400	0.400
3005004	水		m^3	2.72		21.000	21.000
4003001	原木	混合规格	m^3	1283.19		0.040	0.040
4003002	锯材	中板 δ＝19～35	m^3	1504.42		0.030	0.030
5503005	中(粗)砂	混凝土、砂浆用	m^3	201.90		5.510	5.510
5505012	碎石(2cm)	最大粒径2cm堆方	m^3	88.35		6.860	6.860
5509002	42.5级水泥		t	367.52		5.762	5.762

图 5-17　添加外掺剂

温馨提示：

在这里，外掺剂是作为一种独立的新材料出现在工料机里，当需要调整它的预算单价时，直接修改即可。

2）附注条件（定额乘系数）

定额中常常出现章、节、定额附注说明，这些附注影响定额乘系数、工料机抽换等方面，对造价结果有较大影响，而这些附注分散在章、节、定额中，熟悉定额的同时也必须细心耐心，才能避免错计漏计。

纵横公路造价软件已经把定额书中的附注说明做成了选项的形式，做预算时，直接根据实际情况勾选即可。

（1）厂拌基层稳定土混合料定额的系数调整

各类稳定土基层压实厚度在20cm以内计算，超过上述厚度时应分层拌和、碾压。

选中需要调整的定额（如2-1-7-5），点击“定额调整”-“附注条件”，根据实际情况勾选即可（图5-18）。

工料机/混凝土　附注条件　辅助定额　稳定土

	调整	条件	内容
1	☑	分2层拌和、碾压	拖平摊压机×2，人工+1.5
2	☐	分3层拌和、碾压	拖平摊压机×3，人工+3
3	☐	分4层拌和、碾压	拖平摊压机×4，人工+4.5
4	☐	洞内用洞外项目	人、机械、小型机具使用费×1.26
5	☐	自定义系数	人工×1；材料×1；机械×1
6			
7			
8			

图 5-18　厂拌基层稳定土混合料定额的系数调整

（2）灌注桩可根据不同的桩径选择调整系数

当设计桩径与定额桩径不同时，可根据实际情况选择桩径。

选中需要调整的定额（如4-4-4-70），点“定额调整”-“附注条件”，根据实际情况勾选即可（图5-19）。

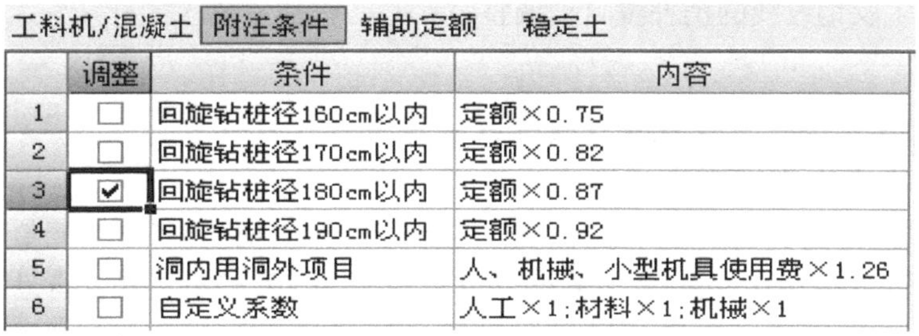

图5-19 厂拌基层稳定土混合料定额的系数调整

3）辅助定额

辅助定额调整主要调整定额的运距、厚度、钢绞线的束数、强夯夯击遍数等内容。定额中描述定额单位值的定额我们称之为"主定额"。定额中同时给出了可对主定额进行增量调整的定额，其定额名称中一般含有"增、减"字样，我们称之为"辅助定额"。

（1）调整运距："20t车运输10.2km或者10.3km"

选中需要调整的定额（如2-1-8-9），点击"定额调整"-"辅助定额"，在"实际值"处输入实际运距：10.2即可，定额名称随即自动变化，单价随即自动计算（图5-20）。

图5-20 辅助定额

当运距超过第一个定额运距单位，其运距尾数不足一个增运定额单位的半数时不计，超过半数时按一个增运定额运距单位计算。

例如，平均运距为10.2km时，套用第一个1km和运距15km以内的增运定额18个单位后，尾数为0.2km，不足一个增运定额单位（0.5km）的半数（0.25km），因此不计；平均运距为10.3km时，0.3km已经超过一个增运定额单位（0.5km）的半数（0.25km），因此计，增运单位则合计为19个。

使用增运定额时要注意两点：平均运距不扣减第一个1km；平均运距为整个距离内直接套用，不是分段套用。

> **温馨提示：**
> 定额项目"1-1-11自卸汽车运土、石方"及"1-1-22洒水汽车洒水"中，均按不同的运输距离综合考虑了施工便道的影响，定额规定仅适用于平均运距在15km以内的工程；当运距超过15km时，应按工程所在地社会运输的有关规定计算运费。

（2）钢绞线束数调整

选中需要调整的定额（如4-7-19-17），点击"定额调整"-"辅助定额"，输入实际的钢绞线束数值即可,人工及钢绞线的消耗量自动调整。

4) 稳定土

一般调整稳定土配合比,系数自动保持为 100%。

例:调整水泥稳定碎石配合比为 4∶96

选中需要调整的定额(如 2-1-7-5),点击"定额调整"–"稳定土",在"调整配合比"中输入实际配合比即可。切换到"工料机/混凝土",可以看到,水泥、碎石消耗量自动换算,无须其他任何操作,如图 5-21 所示。

图 5-21　稳定土

5) 自动统计"混凝土需计拌和量"

在造价书界面选中需要统计的分项,右键选择"混凝土需计拌和量",弹出"混凝土合计"小窗口,在小窗口中可以查看混凝土的相关统计信息,选中混凝土拌和和运输定额,点击"填写工程量",软件自动将统计好的混凝土需计拌和量填写到定额工程量中。

下面我们结合纵横实例,具体讲解如何操作。

例:选中"预应力混凝土空心板"子目,右键选择"混凝土需计拌和量",选中混凝土拌和、运输定额,点击"填写工程量",软件自动将统计好的混凝土需计拌和量(计损耗)填写到定额工程量中(图 5-22)。

图 5-22　自动统计"混凝土需计拌和量"

5.1.7 计算第二、三、四部分费用

第二、三、四部分费用是指土地使用及拆迁补偿费、工程建设其他费用、预备费,主要通过基数计算和数量单价的方式确定费用。

点击项目表"金额"列图标…,弹出"表达式编辑器"(如图),在表达式窗口中输入计算公式即可(图5-23)。

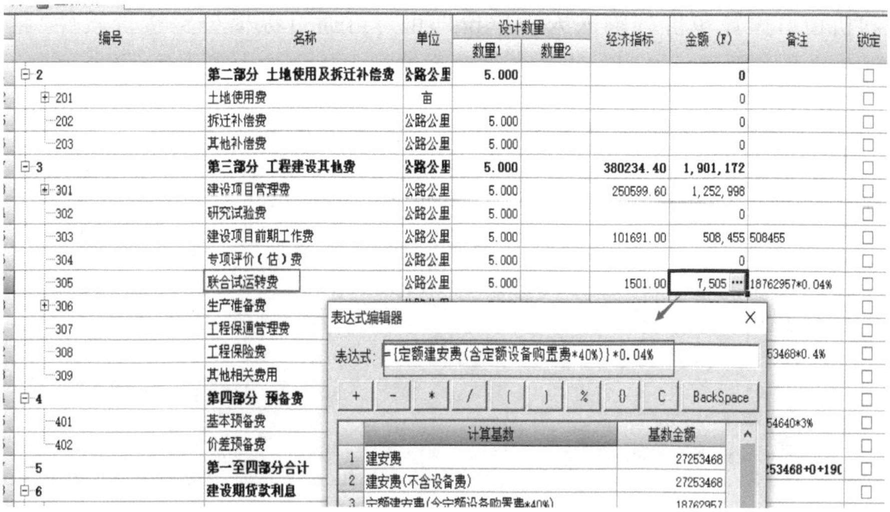

图5-23 计算第二、三、四部分费用

方法1:直接在金额列输入数值(数量单价)。
方法2:单击金额列,打开表达式编辑器进行基数计算。

5.1.8 计算"建设期贷款利息"

操作要点:

选中建设期贷款利息分项,右键选择"建设期贷款利息设置",弹出对话框。输入计息年后回车,依次输入贷款额及利率,点击确定即可(图5-24)。

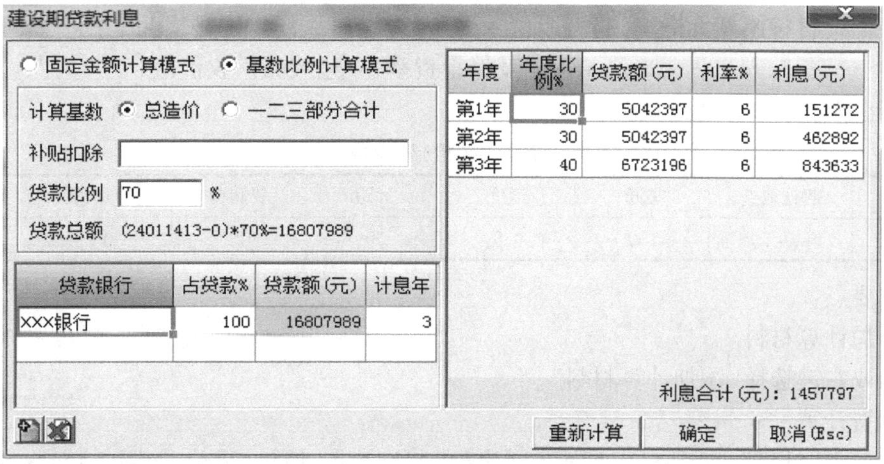

图5-24 计算"建设期贷款利息"

5.1.9 工料机预算单价计算

工料机预算单价包括人工单价、材料单价、机械单价。

"工料机"窗口汇总显示本造价文件所有定额内包含的工料机,可直接在此窗口修改或计算工料机的预算单价。

1)人工单价

在工料机窗口预算单价列输入人工单价即可。可通过纵横公路造价软件"帮助"中的"2018 编制办法及定额章节说明",查看各省补充编办中规定的人工单价(图 5-25)。

图 5-25 人工单价

> **温馨提示:**
> 人工费单价仅作为编制概预算的依据,不作为施工企业实发工资的依据。

2)材料单价

材料的预算价,是指材料运达工地仓库的价格,不是材料的出厂价格,也不是市场价格。直接在预算单价列输入即可。

(1)材料预算价由材料原价、运杂费、场外运输损耗、采购及仓库保管费组成

材料预算价格 =(材料原价 + 运杂费)×(1 + 场外运输损耗率)×

(1 + 采购及保管费率) – 包装品回收价值

(2)运费计算(原价已知,表 5-1)

计算中(粗)砂运费 表 5-1

名称	起讫地点	原价	运价	运距	装卸费	装卸次数	预算价
中(粗)砂	料场-工地	130	0.8	50	2	1	201.9

操作要点:

①添加计算材料。

双击或右键选择"添加计算材料"。

②运费计算。

点击"运费计算",如图 5-26 所示,分别输入起讫地点、原价、运价、运距、装卸费单价、装卸次数、其他费用等。

图 5-26 运费计算

3）机械单价

施工机械台班单价由不变费用和可变费用组成。不变费用一般不允许修改，可变费用只需确定机械工单价、动力燃料费、车船使用税，机械台班费用自动计算（图5-27）。

图 5-27 机械单价

> **温馨提示：**
> 在工料机窗口中，左下角点击 ，切换到"机械单价"窗口，点击选择工程所在地"车船税标准"即可。
> 国发〔2008〕37号、财综〔2008〕84号文件规定，取消公路养路费，所以选取各省不含养路费车船税标准。

5.1.10 报表输出与打印

点击"报表"图标 可直接预览、打印、输出报表、导出PDF/EXCEL格式，A3、A4自由切换，同时还可对报表进行设置。

5.1.11 交换数据

"文件"菜单栏-"导出"-"成批导出建设项目"，可以把整个建设项目的项目文件、单价文件和费率文件等统一压缩在一个.sbp文件里，可进行数据交换，通过"文件-导入"操作即可接收项目文件。

"成批导出建设项目"操作如图 5-28 所示。

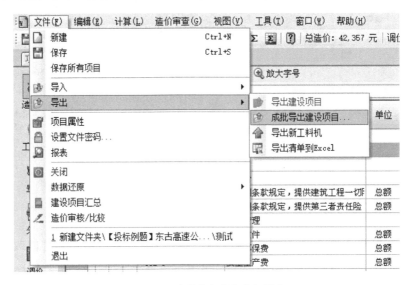

图 5-28 "成批导出建设项目"操作

然后勾选需要导出的建设项目:点击"导出",选择存放路径,确定即可(图 5-29)。

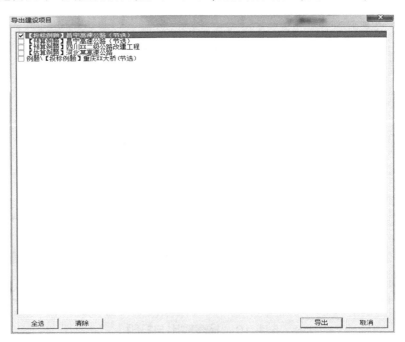

图 5-29 "成批导出建设项目"操作

5.2 "纵横公路工程造价管理系统"编制工程量清单操作流程

5.2.1 编制工程量清单预算的操作流程

编制工程量清单预算的操作流程如图 5-30 所示。

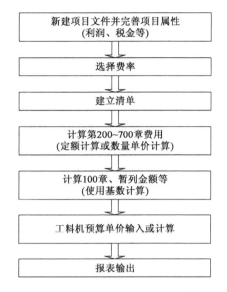

图 5-30　操作流程

5.2.2　新建项目文件、费率文件

①点击"文件"菜单栏下的"新建",在空白栏输入建设项目名称,如 D7 合同段,昌宁高速公路,项目类型软件选择"工程量清单",点击"确定"完成(图 5-31)。

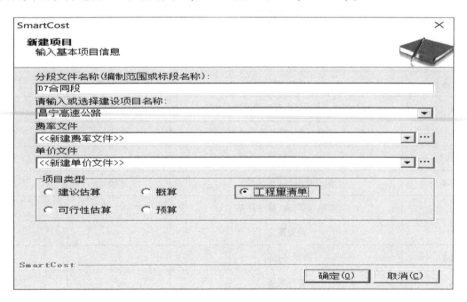

图 5-31　新建项目文件

②费率文件操作参见 5.1.4。

5.2.3　清单范本

建立工程量清单方法:
①从 Excel 复制粘贴到纵横软件中;
②直接导入 Excel 清单;

录入格式参考菜单栏"文件-导入-查看导入示例–Excel清单示例"(图5-32)。

图5-32 清单范本

录入格式说明:

无须在行与行、章与章之间留空行;

无须录入表头(即无须录入"编号、名称、单位、工程量"行);

当清单项目单位为 m^2 或 m^3 时,只需输入 m^2 或 m^3,系统自动转换为 m^2 或 m^3;

只需录入第100~700章清单项目即可,暂列金额、计日工等系统已默认建立,无须录入表5-2。

第100~700章 工程量清单   表5-2

清 单 编 号	清 单 第100章 总则	单 位	数 量
101	通则		
101-1	保险费		
-a	按合同条款规定,提供建筑工程一切险	总额	1
-b	按合同条款规定,提供第三者责任险	总额	1
102	工程管理		
102-4	信息化系统(暂估价)	总额	1
	清单 第200章 路基		
202	场地清理		
202-1	清理与掘除		
-a	清理现场	m^2	23518
203	挖方路基		
203-1	路基挖方		
-a	挖土方	m^3	21187
208	护坡、护面墙		
208-3	浆砌片石护坡		
-a	满铺浆砌片石护坡	m^3	3730

续上表

清单编号	清单 第300章 路面	单 位	数 量
306	级配碎(砾)石底基层、基层		
306-1	级配碎石底基层		
-a	厚150mm	m²	5100
-b	厚200mm	m²	2267
312	水泥混凝土面板		

③从清单范本选择清单。

若清单层次如需调整,可通过工具栏快捷键→(降级)、←(升级)、↑(上移)、↓(下移)调整,如 ← → ↑ ↓ 。

若需删除清单,可选择该"清单"点击" "按钮,或右键"删除"即可。

5.2.4 分项的定额选择与定额调整

操作参见5.1.6

5.2.5 清单第100章费用计算

通常我们一般是先处理清单第200~700章费用后再处理清单100章的费用,清单第100章中的费用常采取基数计算的方式(如图5-33所示)。

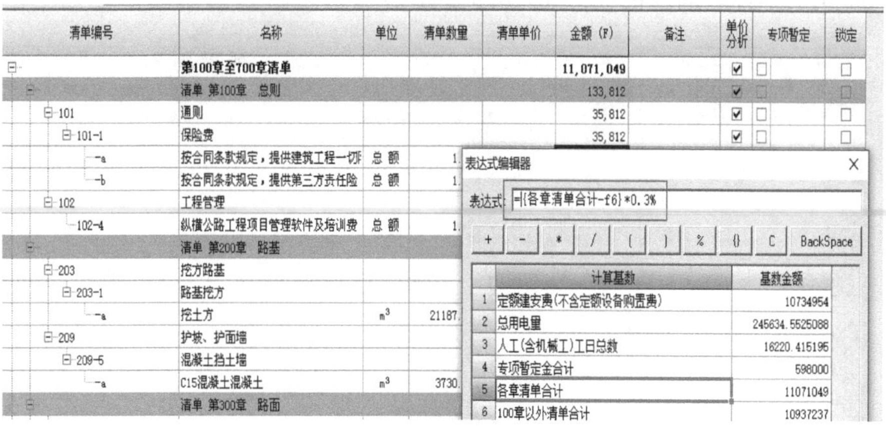

图5-33 清单第100章费用计算

实例:

根据招标文件,工程一切险 =(第100~700章的合计金额 - 第三者责任险的保险费)× 0.3%。

①点击一切险的金额列,点 ,弹出表达式编辑器。

②双击{各章清单合计}取得基数,完成输入" =({各章清单合计} - F6)× 0.3%"计算式,点击"确定"系统自动计算金额(F6为金额列第六行:第三者责任险的费用)。

对某些已知单价的清单项目,可以在清单单价列直接输入单价。系统自动计算结果。

对于专项暂定金额项目,在软件造价书主窗口的"专项暂定"列勾选,下拉选择"材料""工程设备""专项工程"即可(图5-34)。

	清单编号	名称	单位	清单数量	清单单价	金额(F)	备注	单价分析	专项暂定
10	—102-3	安全生产费	总额	1.000	601917302.00	601,917,302	40127820132*1.5%	✓	
11	—102-4	纵横工程管理软件(暂估价)	总额	1.000	49800.00	49,800		✓	✓ 专业工程
12	⊟-103	临时工程与设施				12,132,223		✓	
13	—103-1	临时道路修建、养护与拆除(包括原道…	总额	1.000	8832517.00	8,832,517		✓	

图 5-34　专项暂定金额项目清单

5.2.6　分　摊

分摊的目的,在于将工程量清单中没有单独计列,而在实际施工过程中必须发生的合理费用,分摊到多个相关清单项目内。常见的分摊项目如"拌和站建设费""弃土场建设费"等。

为使输出报表更合理,建议采用数量单价方式计算分摊项。

例:假设一座混凝土拌和站的建设费用为 250000 元,现将其分摊到桥梁相关清单子目中。

操作要点:

(1)建立分摊项目

切换到分摊窗口,输入分摊项"名称":混凝土拌和站,输入分摊"单位":座,确定分摊项金额,采用"数量单价"进行分摊。在定额计算窗口中输入,"混凝土拌和站,单位总额,数量为 1,单价 250000 元",不计利润及税金,如图 5-35 所示。

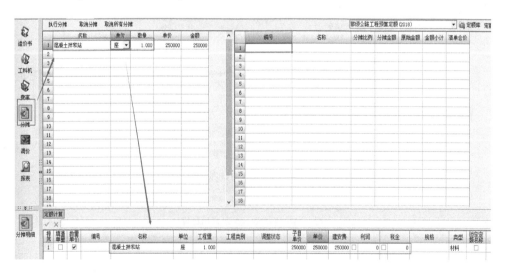

图 5-35　建立分摊项目

(2)执行分摊

点击窗口左上角的"执行分摊",勾选参与费用分摊的清单分项,选择分摊方式,点击"确定"即可。

(3)查看分摊结果

执行分摊后,再分摊界面右边窗口或在对应的已分摊清单分项的数量单价窗口下可查看。分摊项在清单或者报表里,是作为一项独立的费用出现的。

(4)取消分摊

有两种方式可取消分摊,如图5-36所示,选择"取消所有分摊"或"取消分摊"即可。

图5-36 取消分摊

5.2.7 调 价

在激烈的投标竞争中,"速度"就是制胜武器。纵横公路造价软件特别强化了清单调价功能。可成批调整清单的"工料机消耗量、单价、费率",乘系数后,所有单价分析表数据自动调整。

1)正向调价

①点击调价按钮 进入调价窗口。

②点击"成批调整消耗",在人工、材料、机械方框内分别输入系数,勾选选择所有清单项目,点击确定(图5-37)。

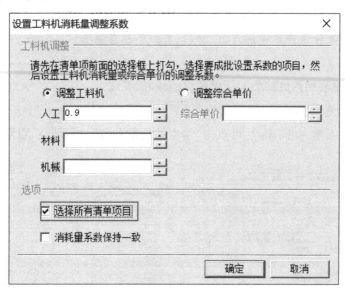

图5-37 调价

工料机消耗量与"费率/单价调整"可同时调价。若只需要"费率/单价调整",则跳过此步。

③点击"费率/单价调整",在弹出窗口中输入调价比例(图5-38)。

费率、单价与工料机消耗量调价可同时进行。若只调"工料机消耗量"则跳过此步。

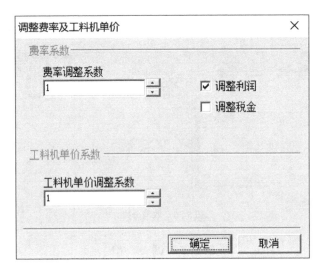

图 5-38 调价

> **温馨提示：**
> ①无论采用成批调整消耗，还是费率/单价调整的方式。设置好系数后最终都需点击"正向调价"，计算调整后报价。 
>
> ②调价时，可设置具体的清单不参与调价。
> ③费率和工料机单价可同时进行调整。
> ④调价时，可设置清单中的人工、材料、机械不参与调价。

④调价后，可观察到调价前后的清单单价、总额的变化。

2) 清空消耗量系数

当已有消耗量系数，如需删除，可点击"清空消耗量系数"进行清空，重新设置(图 5-39)。

图 5-39 清空消耗量系数

3) 反向调价

输入"反向目标综合单价/金额",点击"反向调价"(图5-40)。

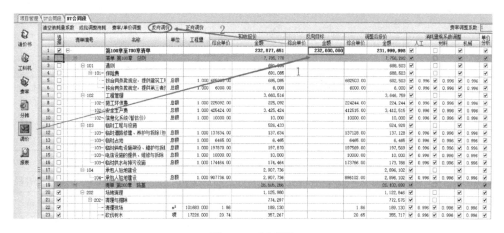

图 5-40　反向调价

温馨提示:

①反向调价是根据设置的目标综合单价/金额快速计算出调整后报价/金额,计算过程中可能存在小数位数的误差。

②建议"反向调价"与"费率/单价调整"不同时进行,减少精度误差。

③若已进行消耗量调整,点击"反向调价"时会清空原始的消耗量调整系数。

5.2.8　报表输出

操作参见 5.1.10

5.2.9　交换数据

操作参见 5.1.11

5.3　"纵横公路工程造价管理系统"应用实例

5.3.1　公路工程施工图预算编制实例

(浙江××二级公路改建工程)

1) 工程背景

浙江××二级公路改建工程为国道的一部分,工程地点为浙江省杭州市。里程桩号为 K0+000~K5+000。施工期间平均每昼夜双向行车次数为 2001~3000 次,交工前养护月数 3 个月。

2) 编制信息

(1) 新建项目基本信息

打开"纵横公路造价软件"→"文件"→"新建项目文件"→输入项目基本信息如表 5-3 所示。

浙江××二级公路改建工程项目基本信息　　　　表 5-3

编制范围或标段名称	K0+000～K5+000
建设项目名称	浙江××二级公路改建工程
费率文件	默认
单价文件	默认
项目类型	预算(施工图预算)

(2)项目属性

项目属性如表5-4所示。

浙江××二级公路改建工程项目属性　　　　表 5-4

单位工程名称	K0+000～K5+000	编 制 范 围	K0+000～K5+000
所属建设项目	浙江××二级公路改建工程	建设单位	浙江××公路建设有限公司
编制单位	纵横集团××路桥公司	编制日期	系统自动生成
编制	张工	编制人证号	甲001
复核	李工	复核人证号	甲002

①"基本信息"。

注:涉及人名及证书号均为非真实信息。

②"属性参数"。

属性参数如表5-5所示。

浙江××二级公路改建工程属性参数　　　　表 5-5

数据文件号	CQ2019001	公路技术等级	二 级 公 路
起止桩号	K0+000～K5+000	路线或桥梁长度(km)	5
路基宽度	18		

③"计算参数"

"计算参数"如表5-6所示。

浙江××二级公路改建工程属性参数　　　　表 5-6

计划利润率(%)	7.42	增值税税率(%)	9
年造价上涨率	0	上涨计费年限	0
机械不变费用系数	1	辅助生产间接费率(%)	3
计算高原地区施工增加费	计		

(3)取费信息(费率文件属性)

取费信息如表5-7所示。

浙江××二级公路改建工程取费信息　　　　表 5-7

工程所在地	浙江省	费率标准	浙江估概预算-浙交[2019]116号
冬季施工	准二区	雨季施工	Ⅱ区7个月
夜间施工	不计	高原施工	不计
风沙施工	不计	沿海地区	不计
行车干扰	次数2001~3000	施工辅助	计
工地转移(km)	60	基本费用	计

续上表

综合里程	5	职工探亲	计
职工取暖	准二区	财务费用	计
养老保险(%)	14	失业保险(%)	0.5
医疗保险(%)	8	工伤保险(%)	1.3
住房公积金(%)	8.5		

注:粮食、燃料、蔬菜、水的全线平均运距均为5km。

3)造价计算

(1)工程项目表

项目节建立:标准项目从标准项目表中选择,非标准项使用插入功能添加项目(表5-8)。

工程项目表　　　　　　　　　　　　　　　表5-8

项目	节	细目			工程或费用名称	单位	数量
1					第一部分　建筑安装工程费	公路公里	5.000
	101				临时工程	公路公里	5.000
		10101			临时道路	km	5.000
			1010101		临时便道(修建、拆除与维护)	km	5.000
		10104			临时供电设施	总额	1.000
	102				路基工程	km	4.950
		LJ02			路基挖方	m^3	50000.000
			LJ0201		挖土方	m^3	50000.000
			LJ0203		外购土方	m^3	58000.000
		LJ07			路基防护与加固工程	km	5.000
			LJ0701		一般边坡防护与加固	km	5.000
				LJ070101	坡面圬工防护	m^3	15000.000
				LJ07010101	浆砌片石护坡	m^3	15000.000
	103				路面工程	km	5.000
		LM02			水泥混凝土路面	m^2	5.000
			LM0203		路面基层	m^2	76000.000
				LM020302	水泥稳定类基层	m^2	76000.000
				LM02030201	厚220mm 4%水泥稳定碎石基层	m^2	76000.000
			LM0205		水泥混凝土面层	m^2	70000.000
				LM020501	水泥混凝土	m^2	70000.000
				LM02050101	厚240mm	m^2	70000.000
				LM020503	水泥混凝土路面刻纹(特殊纹路)	m^2	70000.000
	104				桥梁涵洞工程	km	0.050

续上表

项目	节	细目			工程或费用名称	单位	数量
		10402			小桥工程	m/座	50.000/1.000
			1040203		空心板桥	m²/m	50.000
				QL03	上部构造		
				QL0303	预应力混凝土空心板	m³	120.000
	110				专项费用	元	基数计算
		11001			施工场地建设费	元	基数计算
		11002			安全生产费	元	基数计算
2					第二部分 土地使用及拆迁补偿费	公路公里	5.000
	201				土地使用费	亩	0
	202				拆迁补偿费	公路公里	5.000
	203				其他补偿费	公路公里	5.000
3					第三部分 工程建设其他费用	公路公里	5.000
	301				建设项目管理费	公路公里	5.000
		30101			建设单位(业主)管理费	公路公里	5.000
		30102			建设项目信息化费	公路公里	5.000
		30103			工程监理费	公路公里	5.000
		30104			设计文件审查费	公路公里	5.000
		30105			竣(交)工验收试验检测费	公路公里	5.000
	302				研究试验费	公路公里	5.000
	303				建设项目前期工作费	公路公里	5.000
	304				专项评价(估)费	公路公里	5.000
	305				联合试运转费	公路公里	5.000
	306				生产准备费	公路公里	5.000
		30601			工器具购置费	公路公里	5.000
		30602			办公和生活用家具购置费	公路公里	5.000
	307				工程保通管理费	公路公里	5.000
	308				工程保险费	公路公里	5.000
	309				其他相关费用	公路公里	5.000
4					第四部分 预备费	公路公里	5.000
	401				基本预备费	公路公里	5.000
	402				价差预备费	公路公里	5.000
5					第一至四部分合计	公路公里	5.000
6					建设期贷款利息	公路公里	5.000
					新增加费用项目	元	0
					交通管制经费	公路公里	5.000
7					公路基本造价	公路公里	5.000

(2)定额细目表

操作本例时,定额工程量直接输入实际工程量即可,无须乘以定额单位(表5-9)。

定 额 细 目 表　　　　　　　　表5-9

工程项目	定 额 名 称	单位	工程量（直接输入）	取费	定额号及定额调整提示
临时便道（修建、拆除与维护）	汽车便道路基宽7m（平原微丘区）	1km	5.000	6	7-1-1-1
	汽车便道养护路基宽7m	1km·月	60.000	6	7-1-1-7
临时供电设施	架设输电线路	100m	1000	6	7-1-5-1,7901001量2920.6（备注：工料机/混凝土中自定义消耗）
挖土方	2.0m³以内挖掘机挖装普通土	1000m³天然密实方	50000	1	1-1-9-8
	15t内自卸车运土5.2km	1000m³天然密实方	50000	3	1-1-11-9,+10×8（备注：调整运距）
	二级公路填方路基15t以内振动压路机碾压土方	1000m²	50000	1	1-1-18-9
外购土方（非标准项）	单价×数量	m³	58000	0	58000×3=174000（备注：不计利润、计税金）
浆砌片石护坡	浆砌片石护坡（坡高10m以内）	10m³实体	15000	6	1-4-11-2
厚220mm 4%水泥稳定碎石基层	厂拌厚22cm碎石水泥（4:96）	1000m²	76000	4	2-1-7-5,+6×2,4:9696,8003011换8003010（备注：调整配合比、调整厚度、换厂拌设备型号）
	150kW以内平地机铺筑基层	1000m²	76000	4	2-1-9-5,拖平压机×2,人工+1.5（备注：附注条件下选择）
	15t以内自卸车运4km	1000m³	16720	3	2-1-8-7,+8×6（备注：调整运距）
水泥混凝土面层	轨道摊铺机铺筑混凝土路面厚度24cm	1000m²路面	70000	9	2-2-17-3,+4×4,普C30-32.5-4,-244.8,1503034量0,添1511009量204,1511009价420.00（备注：替换商品混凝土、取费取构造物Ⅲ）
	水泥混凝土路面钢筋	t	1	12	2-2-17-15
水泥混凝土路面刻纹（特殊纹路）	人工铺筑混凝土路面厚度20cm	1000m²路面	70000	4	2-2-17-1

续上表

工程项目	定额名称	单位	工程量（直接输入）	取费	定额号及定额调整提示
预应力混凝土空心板	预制预应力空心板混凝土泵送	10m³实体	120	8	4-7-13-1,普 C40-42.5-2,-10.1,普 C45-42.5-2,+10.1(备注:替换混凝土强度等级)
	现场加工预制预应力空心板钢筋	1t	11	12	4-7-13-3,光圆=1.025,带肋=0(备注:替换钢筋 2001001 量 1.025,2001002 量 0)
	预应力钢绞线束长 40m 以内 7 孔每 t16.82 束	1t	5	12	4-7-19-17,+18×13(备注:调整钢绞线束数值)
	起重机装车 4km(构件重 15t 以内)	100m³实体	120	3	4-8-4-8,+12×6(备注:调整运距)
	起重机安装空心板	10m³	120	8	4-7-10-2
	60m³/h 以内混凝土拌和站拌和	10m³	自动统计	8	4-11-11-15
	8m³ 搅拌运输车运混凝土 1km	100m³	自动统计	3	4-11-11-26
施工场地建设费	基数计算	元	基数计算		(备注:选择计算基数{施工场地建设费})
安全生产费	基数计算	元	基数计算		[备注:选择建筑安装工程费(不含安全生产费)×1.5%]

(3)混凝土需计拌和量

造价书界面选择"预应力混凝土空心板",点击右键,选择"混凝土需计拌和量",即可弹出"混凝土合计"窗口,在窗口中可查看混凝土的相关统计信息。弹出的混凝土合计窗口统计的是该分项的混凝土量。点击"4-11-11-15 60m³/h 以内混凝土拌和站拌和",点击"填写工程量",系统将需计拌和量(计损耗)自动填写到当前定额的工程量上;点击"4-11-11-26 8m³ 搅拌运输车运混凝土 1km",点击"填写工程量",系统将需计拌和量(计损耗)自动填写到当前定额的工程量上。

(4)定额调整注意事项

①基层水泥含量"4%"调整方法:定额调整→稳定土→调整配合比;

②采用商品混凝土具体调整方法:定额调整→工料机/混凝土→右键选择替换商品混凝土→修改取费类别为构造物Ⅲ,商品混凝土预算价格按 420 元考虑;

③运距调整方法:定额调整→辅助定额→输入实际值;

④附注条件调整方法:定额调整→附注条件直接勾选;

⑤路基的总长度要扣除桥隧的长度,所以路基长度为 4.95km。

4)第三部分 工程建设其他费用

工程建设其他费用如表 5-10 所示。

工程建设其他费用　　　　　　　　　　　　　　　　表 5-10

建设单位(业主)管理费	{建设单位(业主)管理费}
建设项目信息化费	{建设项目信息化费}
工程监理费	{工程监理费}
设计文件审查费	{设计文件审查费}
建设项目前期工作费	{建设项目前期工作费}
联合试运转费	{定额建安费(含定额设备购置费×40%)}×0.04%
工器具购置费	5800×5×0.8
工程保险费	{建安费(不含设备费)}×0.4%
建设期贷款利息(备注:选中贷款利息行,点击右键,选择建设期贷款利息,弹出建设期贷款利息编辑器;选中基数比例计算模式,输入银行名称,贷款比例为60%,接着输入计息年后回车,输入相关数值,点击"生成项目表"即可完成)	纵横交通银行贷款占总金额的100%,纵横交通银行贷款3年: 第1年40% 第2年30% 第3年30% 利率均为:7%

5)第四部分 基本预备费

计算方法:以第一、二、三部分费用之和为基数,施工图预算按3%计列。

点击基本预备费的金额列,点击三个小点,弹出表达式编辑器;输入"={一二三部分合计}×3%"。

新增加费用:新增交通管制经费

单位:公路公里,数量:5,经济指标:100000元/公路公里。

6)工料机预算价信息

①人工、机械工根据浙江省补充编制办法取定。

点击工料机窗口,直接输入数值:柴油:7.90元;片石:153.91元。

②材料运费计算。

选择需要计算的材料片石,点击右键添加计算材料,输入运费的计算数据,如表5-11所示,软件自动计算片石材料价格。

材料运费计算表　　　　　　　　　　　　　　　　表 5-11

名称	起讫地点	运输工具	原价	运价	运距	装卸费单价	装卸次数	其他费用
片石	料场-工地	汽车	90	0.8	45	2	1	0

注:运价已考虑过路、过桥费等。

③机械单价-车船税标准:选用"浙江车船税标准(2012)"。

④其他材料、机械采用部颁定额单价。

7)报表

①点击界面左侧"报表",然后可以查看各类报表,纵横公司提供特殊报表定制服务;

②点击设置,可对报表进行更改;

③可以导出 EXCEL 格式和 PDF 格式,A3、A4 格式自由切换。

5.3.2 路基工程工程量清单编制实例

(浙江××大桥选取部分清单)

1)工程背景

浙江省高速公路 D7 合同段有一座××大桥,该大桥全长 2.6km,桥宽 24.5m。桥梁施工过程中,不计行车干扰施工增加费,车辆绕行;综合里程为 5km。

2)编制信息

(1)新建项目

打开"纵横公路造价软件"→"文件"→"新建项目文件"→输入项目基本信息如表 5-12 所示。

浙江××大桥项目基本信息　　　表 5-12

分段文件名称	D7 合同段(编制范围或标段名称)
项目文件夹名称	浙江××大桥
费率文件	默认
单价文件	默认
项目类型	工程量清单

(2)项目属性

"基本信息"

项目基本信息如表 5-13 所示。

浙江××二大桥项目基本信息　　　表 5-13

合同段:D7 合同段	编制范围:D7 合同段
所属建设项目:浙江××大桥	建设单位:浙江高速投资集团
编制单位:纵横集团××路桥公司	编制时间:系统自动生成
编制:秦工	编制人证号:甲 001
复核:赵工	复核人证号:甲 002

"属性参数"

属性参数如表 5-14 所示。

浙江××大桥项目属性参数　　　表 5-14

数据文件号:CQ2016001(可不填)	工程所在地:杭州
新建/改(扩建):新建	桥梁长度(km):2.6
公路技术等级:高速公路	

"计算参数"

计算参数如表 5-15 所示。

浙江××大桥项目计算参数　　　表 5-15

利润率:7.42%	增值税税率:9%
机械不变费用系数:1	辅助生产间接费率:3%
计算高原地区施工增加费:计	

(3)取费信息(费率文件界面)

取费信息如表 5-16 所示。

浙江××大桥项目取费信息　　　　　　表 5-16

工程所在地	浙江杭州	费率标准	浙江估概预算-浙交[2019]116 号
冬季施工	准二区	雨季施工	Ⅱ区 7 个月
夜间施工	计	高原施工	不计
风沙施工	不计	沿海地区	不计
行车干扰	不计	施工辅助	计
工地转移(km)	60	基本费用	计
综合里程	5	职工探亲	计
职工取暖	准二区	财务费用	计
养老保险(%)	14	失业保险(km)	0.5
医疗保险(%)	8	工伤保险(%)	1.3
住房公积金(%)	8.5		

3)造价计算

(1)工程量清单(造价书界面)

工程量清单如表 5-17 所示。

工程量清单　　　　　　表 5-17

清单编号	名　称	单　位	数　量
	第 100 章至 700 章清单		
	清单　第 200 章　路基		
203	挖方路基		
203-1	路基挖方		
-a	挖土方	m³	21187
209	挡土墙		
209-5	混凝土挡土墙		
-a	C15 混凝土	m³	3730

(2)选套定额细目表

操作本例时,定额工程量直接输入实际工程量即可,无须乘以定额单位。定额细目表如表 5-18 所示。

注:先做完第 200~700 章数据,最后处理清单 100 章费用。

定　额　细　目　表　　　　　　表 5-18

编　号	清单名称及相应定额	单位	数量	工程类别	定额调整情况
	清单　第 200 章　路基				
203	挖方路基				
203-1	路基挖方				
-a	挖土方	m³	21187		

续上表

编　号	清单名称及相应定额	单位	数量	工程类别	定额调整情况
1-1-9-8	2.0m³以内挖掘机挖装普通土	1000m³天然密实方	3277	1	
1-1-9-9	2.0m³以内挖掘机挖装硬土	1000m³天然密实方	17910	1	
1-1-11-11	20t内自卸汽车运土5.3km	1000m³天然密实方	21187	3	+12×9(备注:定额调整－辅助定额,调整运距输入实际值5.3)
209	挡土墙				
209-5	混凝土挡土墙				
-a	C15混凝土	m³	3730		
4-1-3-4	2.0m³以内挖掘机挖基坑≤1500m³土方	10m³实体	448	1	
1-1-11-11	20t以内自卸汽车运土1.5km	1000m³天然密实方	448	3	+12×1(备注:定额调整－辅助定额,调整运距输入实际值1.5)
1-4-19-2	现浇混凝土挡土墙	10m³	3730	6	普C20-32.5-8,－10.2,普C15-32.5-8,+10.2(工料机/混凝土,右键替换混凝土)

4)工料机预算价信息(工料机界面)(除税价)

打开界面左侧的工料机界面,然后分别进行如下调整。

①人工、机械工根据浙江省补充编制办法取定。

柴油:7.9元;中(粗)砂:152.69元;碎石(8cm):151.53元。

②材料运费计算。

碎石(8cm)预算价计算:选择需要计算的材料碎石(8cm),点右键添加计算材料,输入运费的计算数据,如表5-19所示,软件自动计算碎石(8cm)材料价格。

材料运费计算表　　　　　　　　　　　　　　　　　　表5-19

名称	起讫地点	运输工具	原价	运价	运距	装卸费单价	装卸次数	其他费用
碎石(4cm)	料场-工地	汽车	90	0.8	45	2	1	0

注:运价已考虑过路、过桥费。

③机械单价－车船税标准:选用"浙江车船税标准(2019)"。

④其他材料、机械采用部颁定额单价。

5)报表

①点击界面左侧"报表",然后可以查看各类报表,纵横公司提供特殊报表定制服务。

②点击设置,可对报表进行更改。

③可以导出Excel格式和PDF格式,A3、A4格式自由切换。

5.3.3 路面工程工程量清单编制实例

(浙江××大桥选取部分清单)

1)工程背景

资料详情查看 5.3.2

2)编制信息

资料详情查看 5.3.2

3)造价计算

(1)工程量清单(造价书界面)

工程量清单如表 5-20 所示。

工程量清单　　　　　　　　　　　　表 5-20

清单编号	名　　称	单　位	数　量
	清单　第 300 章　路面		
304	水泥稳定土底基层、基层		
304-3	水泥稳定土基层		
-a	厚 220mm	m²	2267

(2)选套定额细目表

操作本例时,定额工程量直接输入实际工程量即可,无须乘以定额单位,定额细目表如表 5-21 所示。

定额细目表　　　　　　　　　　　　表 5-21

编　号	清单名称及相应定额	单位	数量	工程类别	定额调整情况
	清单　第 300 章　路面				
304	水泥稳定土底基层、基层				
304-3	水泥稳定土基层				
-a	厚 220mm	m²	2267		
2-1-7-5	厂拌厚 22cm 碎石水泥(4:96)	1000m²	2267	4	+6×2,拖平摊压机×2,人工+1.5,4:96(备注:辅助定额,调整厚度输入实际值 22,附注条件:选择分 2 层拌和、碾压,稳定土:修改碎石调整配合比为 96)
2-1-8-9	20t 以内自卸车运 5km	1000m³	499	3	+10×8(备注:定额调整-辅助定额,调整运距输入实际值 5)
2-1-9-9	9.5m 以内摊铺机铺筑基层	1000m²	2267	4	拖平摊压机×2,人工+1.5(附注条件分 2 层拌和、碾压)

4)工料机预算价信息(工料机界面)(除税价)

打开界面左侧的工料机界面,然后分别进行如下调整。

(1)人工、机械工根据浙江省补充编制办法取定。柴油:7.9 元;32.5 级水泥:311 元;碎石:88 元。

(2)机械单价-车船税标准:选用"浙江车船税标准(2019)"。

(3)其他材料、机械采用部颁定额单价。

5)报表

资料详情查看5.3.2。

5.3.4 桥涵工程工程量清单编制实例

(浙江××大桥选取部分清单)

1)工程背景

资料详情查看5.3.2。

2)编制信息

资料详情查看5.3.2。

3)造价计算

(1)工程量清单(造价书界面)

工程量清单如表5-22所示。

工程量清单　　　　　　　　　　　　表5-22

清单编号	名　称	单　位	数　量
	第100章至700章清单		
	清单　第100章　总则		
101	通则		
101-1	保险费		
-a	按合同条款规定,提供建筑工程一切险	总额	1
-b	按合同条款规定,提供第三方责任险	总额	1
102	工程管理		
102-4	纵横公路工程项目管理软件及培训费	总额	1
	清单　第400章　桥梁、涵洞		
401	通则		
401-1	桥梁荷载试验(暂估价)	总额	1
403	钢筋		
403-1	基础钢筋(含灌注桩、承台、桩系梁、沉桩、沉井等)		
-a	光圆钢筋(HPB235、HPB300)	kg	51295
-b	带肋钢筋(HRB335、HRB400)	kg	932271
405	钻孔灌注桩		
405-1	钻孔灌注桩		
-a	陆上钻孔灌注桩(ϕ1.8m)	m	680
410	结构混凝土工程		
410-1	混凝土基础(包括支撑梁、桩基承台、桩系梁,但不包括桩基)		
-e	现浇C30承台混凝土	m³	3220

(2)选套定额细目表

操作本例时,定额工程量直接输入实际工程量即可,无须乘以定额单位,定额细目表如表 5-23 所示。

注:先做完第 200~700 章数据,最后处理清单 100 章费用。

定 额 细 目 表 表 5-23

编 号	清单名称及相应定额	单位	数量	工程类别	定额调整情况
	第 100 章至 700 章清单				
	清单 第 100 章 总则				
101	通则				
101-1	保险费				
-a	按合同条款规定,提供建筑工程一切险	总额	1		100 章以外清单合计(不含第三方责任险)×0.3%(备注:点金额鼠标右键,输入公式)
-b	按合同条款规定,提供第三方责任险	总额	1		1000000×0.3%(备注:点金额鼠标右键,输入计算式"=1000000×0.3%")
102	工程管理				
102-4	纵横公路工程项目管理软件及培训费	总额	1		1×98000(暂定)(专业工程)(备注:在综合单价处直接输入98000)
	清单 第 400 章 桥梁、涵洞				
401	通则				
401-1	桥梁荷载试验(暂估价)	总额	1		(备注:暂定金额 50 万元,在专项暂定处打钩,选择工程类型:专业工程)
403	钢筋				
403-1	基础钢筋(包括灌注桩、承台、桩系梁、沉桩、沉井等)				
-a	光圆钢筋(HPB235、HPB300)	kg	51295		
4-4-8-24	现场加工主筋焊接连接	1t	49.146	12	2001001 量 1.022,2001002 量 0(备注:附注条件,打钩替换钢筋)
4-6-1-13	现场加工承台钢筋	1t	2.149	12	2001001 量 1.025,2001002 量 0(备注:附注条件,打钩替换钢筋)
-b	带肋钢筋(HRB335、HRB400)	kg	932271		
4-4-8-24	现场加工主筋焊接连接	1t	518.683	12	2001001 量 1.022,2001002 量 0(备注:附注条件,打钩替换钢筋)
4-6-1-12	现场加工轻型墩台基础及支撑梁钢筋	1t	413.588	12	2001001 量 0,2001002 量 1.025(备注:附注条件,打钩替换钢筋)
405-1	钻孔灌注桩				
-a	陆上钻孔灌注桩(φ1.8m)	m	680		

续上表

编　号	清单名称及相应定额	单位	数量	工程类别	定额调整情况
4-4-4-66	桩径180cm以内孔深40m以内黏土	10m	350	8	定额×0.87(备注:在附注条件中调整桩径系数)
4-4-4-69	桩径180cm以内孔深40m以内卵石	10m	330	8	定额×0.87(备注:在附注条件中调整桩径系数)
4-4-9-7	干处埋设钢护筒	1t	9.965	12	
4-4-8-28	灌注桩检测管	1t	10.866	12	
4-4-8-15	回旋潜水钻φ250cm以内输送泵混凝土	10m³实体	1729.52	8	水 C25-32.5-4,-11.97,水 C30-32.5-4,+11.97(备注:工料机右击,替换混凝土强度等级)
4-11-11-15	60m³/h以内混凝土拌和站拌和	100m³	(自动统计)	6	
4-11-11-28	10m³搅拌运输车运混凝土1km	100m³	(自动统计)	3	
410	结构物混凝土				
410-1	混凝土基础(包括支撑梁、桩基承台、桩系梁,但不包括桩基)				
-e	现浇C30承台混凝土	m³	3220		
4-6-1-7	承台混凝土(起重机配吊斗无底模)	10m³实体	3220	9	普 C25-32.5-4,-10.2,1503033 量0,添 1511009 量10.2(备注:工料机右击,替换商品混凝土,工程类别为构造物Ⅲ)

(3)混凝土需计拌和量

在造价书界面点击"陆上钻孔灌注桩(φ1.8m)",右键选择"混凝土需计拌和量",即可弹出"混凝土合计"窗口,在窗口中可查看混凝土的相关统计信息。弹出的混凝土合计窗口统计的是该分项的混凝土量。点击"4-11-11-15 60m³/h以内混凝土拌和站拌和",点击"填写工程量",系统将需计拌和量(计损耗)自动填写到当前定额的工程量上;点击"4-11-11-28 10m³搅拌运输车运混凝土1km",点击"填写工程量",系统将需计拌和量(计损耗)自动填写到当前定额的工程量上。

4)工料机预算价信息(工料机界面)(除税价)

打开界面左侧的工料机界面,然后分别进行以下调整。

①人工、机械工根据浙江省补充编制办法取定。柴油:7.9元;中(粗)砂:152.69元;碎石(4cm):118元。

②机械单价–车船税标准:选用"浙江车船税标准(2019)"。

③其他材料、机械采用部颁定额单价。

5)报表

资料详情查看5.3.2。

5.3.5 隧道工程工程量清单编制实例

（浙江××隧道选取部分清单）

1）工程背景

略。

2）编制信息

(1)新建项目

打开"纵横公路造价软件"→"文件"→"新建项目文件"→输入项目基本信息如表 5-24 所示。

浙江××隧道新建项目　　　　　　　　表 5-24

分段文件名称	D7 合同段(编制范围或标段名称)
项目文件夹名称	浙江××隧道
费率文件	默认
单价文件	默认
项目类型	工程量清单

(2)项目属性

①"基本信息"。

基本信息如表 5-25 所示。

浙江××隧道项目基本信息　　　　　　　　表 5-25

合同段:D7 合同段	编制范围:D7 合同段
所属建设项目:浙江××隧道	建设单位:浙江高速投资集团
编制单位:纵横集团××路桥公司	编制时间:系统自动生成
编制:秦工	编制人证号:甲 001
复核:赵工	复核人证号:甲 002

②"属性参数"。

属性参数如表 5-26 所示。

浙江××隧道项目属性参数　　　　　　　　表 5-26

数据文件号:CQ2016001(可不填)	工程所在地:杭州
新建/改(扩)建:新建	隧道长度(km):
公路技术等级:	

③"计算参数"。

计算参数如表 5-27 所示。

浙江××隧道项目计算参数　　　　　　　　表 5-27

利润率:7.42%	增值税税率:9%
机械不变费用系数:1	辅助生产间接费率:3%
计算高原地区施工增加费:计	

(3)取费信息(费率文件界面)

取费信息如表5-28所示。

浙江××隧道项目取费信息　　　　　　　表5-28

工程所在地	浙江杭州	费率标准	浙江估概预算-浙交[2019]116号
冬季施工	准二区	雨季施工	Ⅱ区7个月
夜间施工	不计	高原施工	不计
风沙施工	不计	沿海地区	不计
行车干扰	不计	施工辅助	计
工地转移(km)	60	基本费用	计
综合里程	5	职工探亲	计
职工取暖	准二区	财务费用	计
养老保险(%)	14	失业保险(km)	0.5
医疗保险(%)	8	工伤保险(%)	1.3
住房公积金(%)	8.5		

3)造价计算

(1)工程量清单(造价书界面)

工程量清单如表5-29所示。

工　程　量　清　单　　　　　　　表5-29

清单编号	名　称	单　位	数　量
	第100章至700章清单		
	清单　第500章　隧道		
504	洞身衬砌		
504-1	洞身衬砌		
-a	钢筋	kg	2032062
-b	现浇混凝土		
-b-1	C35混凝土	m³	54057

(2)选套定额细目表

操作本例时,定额工程量直接输入实际工程量即可,无须乘以定额单位,定额细目表如表5-30所示。

注:先做完第200~700章数据,最后处理清单100章费用。

定　额　细　目　表　　　　　　　表5-30

编　号	清单名称及相应定额	单位	数量	工程类别	定额调整情况
	清单　第500章　隧道				
504	洞身衬砌				
504-1	洞身衬砌				
-a	钢筋	kg	2032062		
3-1-9-6	现场加工衬砌钢筋	1t	143.313	12	2001001量1.025,2001002量0

续上表

编　　号	清单名称及相应定额	单位	数量	工程类别	定额调整情况
3-1-9-6	现场加工衬砌钢筋	1t	1888.749	12	
-b	现浇混凝土				
-b-1	C35 混凝土	m³	54057		
3-1-9-1	现浇混凝土衬砌（模板台车）	10m³	54057	5	泵 C25-32.5-4 换泵 C35-32.5-4
4-11-11-15	60m³/h 以内混凝土拌和站拌和	100m³	（自动统计）	6	
4-11-11-28	10m³ 搅拌运输车运混凝土 1km	100m³	（自动统计）	3	

（3）混凝土需计拌和量

在造价书界面点击"C35 混凝土"，右键选择"混凝土需计拌和量"，即可弹出"混凝土合计"窗口，在窗口中可查看混凝土的相关统计信息。弹出的混凝土合计窗口统计的是该分项的混凝土量。点击"4-11-11-15 60m³/h 以内混凝土拌和站拌和"，点击"填写工程量"，系统将需计拌和量（计损耗）自动填写到当前定额的工程量上；点击"4-11-1128 10m³ 搅拌运输车运混凝土 1km"，点击"填写工程量"，系统将需计拌和量（计损耗）自动填写到当前定额的工程量上。

4）工料机预算价信息（工料机界面）（除税价）

打开界面左侧的工料机界面，然后分别进行如下调整。

①人工、机械工根据浙江省补充编制办法取定。柴油：7.9 元；中（粗）砂：152.69 元；碎石（4cm）：120 元。

②机械单价–车船税标准：选用"浙江车船税标准（2019）"。

③其他材料、机械采用部颁定额单价。

5）报表

资料详情查看 5.3.2。

本章小结

1. 了解造价三要素。
2. 了解造价基本操作步骤。
3. 案例练习。

课后习题

1. 工程背景

浙江××改造工程 D1 合同段有一座中桥，该桥全长 66.06m，桥宽 18m。桥梁施工过程中，不计行车干扰施工增加费，车辆绕行；综合里程为 2.5km。

2. 编制信息

（1）新建项目

打开"纵横公路造价软件"→"文件"→"新建项目文件"→输入项目基本信息如表 5-31 所示。

浙江××改造工程新建项目	表5-31
分段文件名称	D1合同段(编制范围或标段名称)
项目文件夹名称	浙江××改造工程
费率文件	默认
单价文件	默认
项目类型	工程量清单

(2)项目属性
①"基本信息"。
基本信息如表5-32所示。

浙江××改造工程项目基本信息		表5-32	
合同段:D1合同段		编制范围:D7合同段	
所属建设项目:浙江××改造工程		建设单位:浙江××公路建设有限公司	
编制单位:纵横集团××路桥公司		编制时间:系统自动生成	
编制:赖工		编制人证号:甲001	
复核:肖工		复核人证号:甲002	

②"属性参数"。
属性参数如表5-33所示。

浙江××改造工程属性参数		表5-33	
数据文件号:CQ2020001(可不填)		工程所在地:杭州	
新建/改(扩建):改扩建		桥梁长度(m):66.06	
公路技术等级:二级公路			

③"计算参数"。
"计算参数"如表5-34所示。

浙江××改造工程属性参数		表5-34	
利润率:7.42%		增值税税率:9%	
机械不变费用系数:1		辅助生产间接费率:3%	
计算高原地区施工增加费:计			

(3)取费信息(费率文件界面)
取费信息如表5-35所示。

浙江××改造工程取费信息				表5-35
工程所在地	浙江杭州		费率标准	浙江估概预算-浙交[2019]116号
冬季施工	准二区		雨季施工	Ⅱ区7个月
夜间施工	计		高原施工	不计
风沙施工	不计		沿海地区	不计
行车干扰	不计		施工辅助	计
工地转移(km)	50		基本费用	计

续上表

综合里程	3	职工探亲	计
职工取暖	准二区	财务费用	计
养老保险(%)	14	失业保险(km)	0.5
医疗保险(%)	8	工伤保险(%)	1.3
住房公积金(%)	8.5		

3. 造价计算

(1)工程量清单(造价书界面)

工程量清单如表5-36所示。

工程量清单 表5-36

清单编号	名　称	单位	数量
	第100章至700章清单		
	清单　第400章　桥涵		
403	钢筋		
403-4	附属结构钢筋		
-a	光圆钢筋(HPB235、HPB300)	kg	8486.080
-b	带肋钢筋(HRB335、HRB400)	kg	22439.650
404	基坑开挖及回填		
404-1	干处挖土方	m³	553
416	桥梁支座		
416-1	板式橡胶支座		
-a	GYZ 250×52	个	112
-b	GJZF4 250×54	个	56

(2)选套定额细目表

操作本例时,定额工程量直接输入实际工程量即可,无须乘以定额单位,定额细目表如表5-37所示。

注:先做完第200~700章数据,最后处理清单100章费用。

定额细目表 表5-37

编　号	清单名称及相应定额	单位	数量	工程类别	定额调整情况
	清单　第400章　桥涵				
403	钢筋				
403-4	附属结构钢筋				
-a	光圆钢筋(HPB235、HPB300)	kg	8486.080		
4-6-2-89	集中加工支座垫石钢筋	1t	8.486	12	2001001量1.02,2001002量0
4-6-4-13	集中加工盖梁钢筋	1t	0.081	12	2001001量1.02,2001002量0
4-6-13-8	水泥及防水混凝土钢筋(直径8mm以上)	1t	1.247	12	2001001量1.02,2001002量0

续上表

编号	清单名称及相应定额	单位	数量	工程类别	定额调整情况
4-6-14-4	集中加工桥头搭板钢筋	1t	0.153	12	2001001 量 1.02,2001002 量 0
-b	带肋钢筋(HRB335、HRB400)	kg	22439.650		
4-6-2-89	集中加工支座垫石钢筋	1t	0.956	12	
4-6-4-13	集中加工盖梁钢筋	1t	0.693	12	2001001 量 0,2001002 量 1.02
4-6-13-8	水泥及防水混凝土钢筋(直径8mm以上)	1t	8.031	12	2001001 量 0,2001002 量 1.02
4-6-14-4	集中加工桥头搭板钢筋	1t	5.473	12	
404	基坑开挖及回填				
404-1	干处挖土方	m³	553		
4-1-3-3	1.0m³以内挖掘机挖基坑不超过1500m³土方	1000m³	553	1	
1-1-11-10	15t以内自卸汽车运土每增运0.5km(平均运距15km以内)	1000m³ 天然密实方	553	3	
416	桥梁支座				
416-1	板式橡胶支座				
-a	GYZ 250*52	个	112		
4-7-27-3	板式橡胶支座	1dm³	285.74	12	
-b	GJZF4 250*54	个	56		
4-7-27-4	四氟板式橡胶组合支座	1dm³	148.365	12	

4. 工料机预算价信息(工料机界面)(除税价)

打开界面左侧的工料机界面,然后分别进行如下调整。

①人工、机械工根据浙江省补充编制办法取定。柴油:7.9元;重油:5.1元;四氟板式橡胶组合支座:50.31元。

②材料运费计算。

碎石(4cm)预算价计算:选择需要计算的材料碎石(4cm),点右键添加计算材料,输入运费的计算数据,如表5-38所示,软件自动计算碎石(4cm)材料价格。

材料运费计算表　　表5-38

名称	起讫地点	运输工具	原价	运价	运距	装卸费单价	装卸次数	其他费用
四氟板式橡胶组合支座	料场-工地	汽车	50	0.7	40	3	1	0

注:运价已考虑过路、过桥费。

③机械单价-车船税标准:选用"浙江车船税标准(2019)"。

④其他材料、机械采用部颁定额单价。

5. 数据交流

导出 sbp 格式的项目进行上交。

附录

附录 A

路基工程项目分表（LJ）　　　　　　　　　　　　　附表 A-1

分项编号	工程或费用名称	单位	主要工程内容	备注
LJ01	场地清理	km		
LJ0101	清理与掘除	km		按清除内容分级
LJ010101	清除表土	m³		
LJ010102	伐树、挖根	棵		
LJ0102	挖除旧路面	m³		按挖除路面的类型分级
LJ010201	挖除水泥混凝土路面	m³		
LJ010202	挖除沥青混凝土路面	m³		
LJ010203	挖除碎（砾）石路面	m³		
	……			
LJ0103	拆除旧建筑物、构筑物	m³		按拆除材料分级
LJ010301	拆除钢筋混凝土结构	m³		
LJ010302	拆除旧混凝土结构	m³		
LJ010303	拆除砖石及其他砌体	m³		
	……			
LJ02	路基挖方	m³		
LJ0201	挖土方	m³	挖、装、运、弃	
LJ0202	挖石方	m³	挖、装、运、弃	
	……			
LJ03	路基填方	m³		
LJ0301	利用土方填筑	m³	填筑	不含桥涵台背回填
LJ0302	借土方填筑	m³	挖、装、运、填筑	不含桥涵台背回填
LJ0303	利用石方填筑	m³	挖、装、运、填筑	
LJ0304	借石方填筑	m³	挖、装、运、解小、填筑	
LJ0305	填砂路基	m³		
LJ0306	粉煤灰路基	m³		

续上表

分项编号	工程或费用名称	单位	主要工程内容	备注
LJ0307	石灰土路基	m³		
LJ04	结构物台背填筑	m³		按回填位置分级
LJ0401	锥坡填土	m³		按不同的填筑材料分级
LJ0402	挡墙墙背回填	m³		按不同的填筑材料分级
LJ0403	桥涵台背回填	m³		按不同的填筑材料分级
LJ05	特殊路基处理	m³		指需要处理的路基长度
LJ0501	软土地区路基处理	m³		按不同的处理方法分级
LJ050101	抛石挤淤	m³		
LJ050102	垫层	m³		按不同的填料分级
LJ050103	土工织物	m³		按不同的土工织物分级
LJ050104	预压与超载预压	m³		
LJ050105	中空预压与堆载预压	m³		
LJ050106	塑料排水板	m³		
LJ050107	水泥搅拌桩	m³		
LJ050108	碎石桩	m³		
LJ050109	混凝土管桩	m³		
	……			
LJ0502	不良地质路段处治	km		
LJ050201	滑坡地段路基防治	km/处		按不同的处理方法分级
LJ050202	崩塌及岩堆路段路基防治	km/处		按不同的处理方法分级
LJ050203	泥石流路段路基防治	km/处		按不同的处理方法分级
LJ050204	岩溶地区防治	km/处		按不同的处理方法分级
LJ050205	采空区处理	km/处		按不同的处理方法分级
LJ050206	膨胀土处理	km		按不同的处理方法分级
LJ050207	黄土处理	m³		按黄土的不同特性及处理方法分级
LJ05020701	陷穴	m³		按不同的处理方法分级
LJ05020702	湿陷性黄土	m³		按不同的处理方法分级
LJ050208	滨海路基防护与加固	km/处		按不同的处理方法分级
LJ050209	盐渍土处理	m³		按不同的处理方法分级
	……			
LJ06	排水工程	km		路基工程长度,按不同的结构类型分级
LJ0601	边沟	m³/m		按不同的材料分级
LJ060101	现浇混凝土边沟	m³/m		
LJ060102	浆砌混凝土预制块边沟	m³/m		
LJ060103	浆砌片块石边沟	m³/m		
	……			

158

续上表

分项编号	工程或费用名称	单位	主要工程内容	备注
LJ0602	排水沟	m³/m		按不同的材料分级
LJ060201	现浇混凝土排水沟	m³/m		
LJ060202	浆砌混凝土预制块排水沟	m³/m		
LJ060203	浆砌片(块)石排水沟	m³/m		
……				
LJ0603	截水沟	m³/m		按不同的材料分级
LJ060301	浆砌混凝土预制块截水沟	m³/m		
LJ060302	浆砌片(块)石截水沟	m³/m		
……				
LJ0604	急流槽	m³/m		按不同的材料分级
LJ060401	现浇混凝土急流槽	m³/m		
LJ060402	浆砌片(块)石急流槽	m³/m		
……				
LJ0605	暗沟	m³/m		按不同的材料分级
LJ060501	现浇混凝土暗沟	m³/m		
LJ060502	浆砌片石暗沟	m³/m		
……				
LJ0606	渗(盲)沟	m³/m		按不同的材料分级
LJ0607	其他排水工程	km		
……				
LJ07	路基防护与加固工程	km		按不同的结构类型分级
LJ0701	一般边坡防护与加固	km		坡底与路基顶面交际长度(按单边计),指非高边坡路段的防护及支挡建筑物
LJ0702	高边坡防护与加固	km/处	包括植物防护、圬工防护、导治结构物及支挡建筑物等	坡底与路基顶面交接长度(按单边计),指土质挖方边坡高度大于20m、岩质挖方边坡高度大于30m或填方边坡大于20m的边坡防护与加固
LJ0703	冲刷防护	m	包括朱武防护、辅石、抛石、石笼、导治结构物等	防护水流对路基冲刷和淘刷的防护工程;防护段长度
LJ0704	其他防护	km	除以上路基防护工程外的路基其他防护工程等	指路基长度
……				
LJ08	路基其他工程	km	除以上工程外的路基工程,包括整修路基、整修边坡等	指路基长度
……				

路面工程项目分表(LM)

附表 A-2

分项编号	工程或费用名称	单位	主要工作内容	备注
LM01	沥青混凝土路面			
LM0101	路面垫层	m²		按不同的材料分级
LM010101	碎石垫层	m²		按不同的厚度分级
LM010102	砂砾垫层	m²		按不同的厚度分级
	……			
LM0102	路面底基层	m²		按不同的材料分级
LM010201	石灰稳定类底基层	m²		按不同的厚度分级
LM010202	水泥稳定类底基层	m²		按不同的厚度分级
LM010203	石灰粉煤灰稳定类底基层	m²		按不同的厚度分级
LM010204	级配碎(砾)石底基层	m²		按不同的厚度分级
	……			
LM0103	路面基层	m²		按不同的材料分级
LM010301	石灰稳定类基层	m²		按不同的厚度分级
LM010302	水泥稳定类基层	m²		按不同的厚度分级
LM010303	石灰粉煤灰稳定类基层	m²		按不同的厚度分级
LM010304	级配碎(砾)石基层	m²		按不同的厚度分级
LM010305	水泥混凝土基层	m²		按不同的厚度分级
LM010306	沥青碎石混合料基层	m²		按不同的厚度分级
	……			
LM0104	透层、黏层、封层	m²		按不同的形式分级
LM010401	透层	m²		按不同的材料分级
LM010402	黏层	m²		按不同的材料分级
LM010403	封层	m²		按不同的材料分级
LM010404	沥青表处封层	m²		
LM010405	稀浆封层	m²		
LM010406	沥青同步碎石封层	m²		
LM010407	土工布	m²		
LM010408	玻璃纤维格栅	m²		
	……			
LM0105	沥青混凝土面层	m²		
LM010501	粗粒式沥青混凝土面层	m²		按不同的厚度分级
LM010502	中粒式沥青混凝土面层	m²		按不同的厚度分级
LM010503	细粒式沥青混凝土面层	m²		按不同的厚度分级
LM010504	改性沥青混凝土面层	m²		按不同的厚度分级
LM010505	沥青玛蹄脂碎石混合料面层	m²		按不同的厚度分级
	……			
LM02	水泥混凝土路面	m²		

续上表

分项编号	工程或费用名称	单位	主要工作内容	备 注
LM0201	路面垫层	m²		按不同的材料分级
LM020101	碎石垫层	m²		按不同的厚度分级
LM020102	砂砾垫层	m²		按不同的厚度分级
	……			
LM0202	路面底基层	m²		按不同的材料分级
LM020201	石灰稳定类底基层	m²		按不同的厚度分级
LM020202	水泥稳定类底基层	m²		按不同的厚度分级
LM020203	石灰粉煤灰稳定类底基层	m²		按不同的厚度分级
LM020204	级配碎(砾)石底基层	m²		按不同的厚度分级
	……			
LM0203	路面基层	m²		按不同的材料分级
LM020301	石灰稳定类基层	m²		按不同的厚度分级
LM020302	水泥稳定类基层	m²		按不同的厚度分级
LM020303	石灰粉煤灰稳定类基层	m²		按不同的厚度分级
LM020304	级配碎(砾)石基层	m²		按不同的厚度分级
LM020305	水泥混凝土基层	m²		按不同的厚度分级
LM020306	沥青碎石混合料基层	m²		按不同的厚度分级
	……			
LM0204	透层、黏层、封层	m²		按不同的形式分级
LM020401	透层	m²		按不同的材料分级
LM020402	黏层	m²		按不同的材料分级
LM020403	封层	m²		按不同的材料分级
LM020404	沥青表处分层	m²		
LM020405	稀浆封层	m²		
LM020406	沥青同步碎石封层	m²		
LM020407	土工布	m²		
LM020408	玻璃纤维格栅	m²		
	……			
LM0205	水泥混凝土面层	m²		按不同的材料分级
LM020501	水泥混凝土	m²		按不同的厚度分级
LM020502	钢筋	t		
LM03	其他路面	m²		按不同的类型分级
	……			
LM04	路槽、路肩及中央分隔带	m²		
LM0401	挖路槽	m²		按不同的土质分级
LM040101	土质路槽	m²		
LM040102	石质路槽	m²		

续上表

分项编号	工程或费用名称	单位	主要工作内容	备注
LM0402	路肩	km		
LM040201	培路肩	m³		
LM040202	土路肩加固	m³		按不同的加固方式分级
LM04020201	现浇混凝土	m³		
LM04020202	铺砌混凝土预制块（路边石）	m³		
LM04020203	浆砌片石	m³		
	……			
LM0403	中间带	km		
LM040301	回填土	m³		
LM040302	路缘石	m³		按现浇和预制安装分级
LM040303	混凝土过水槽	m³		
	……			
LM05	路面排水	km		按不同的类型分级
LM0501	拦水带	m		按不同的材料分级
LM050101	沥青混凝土	m²/m		
LM050102	水泥混凝土	m³/m		
LM0502	排水沟	m³/m		按不同的类型分级
LM050201	路肩排水沟	m³/m		
LM050202	中央分隔带排水沟	m³/m		
LM0503	混凝土过水槽	m³		
LM0504	排水管	m		按不同的类型分级
LM050401	纵向排水管	m		按不同的管径分级
LM050402	横向排水管	m³/道		
LM0505	集水井	m³/个		按不同的规格分级
LM0506	检查井	m³/个		
	……			
LM06	旧路面处理	km/m²		按不同的类型分级
	……			

桥梁工程项目分表（QL） 附表 A-3

分项编号	工程或费用名称	单位	主要工作内容	备注
HD01	管涵	m/道		按管径和单、双孔分级
HD02	盖板涵	m/道		按不同的材料和涵径分级
HD03	箱涵	m/道		按不同的涵径分级
HD04	拱涵	m/道		按不同的材料和涵径分级
	……			

涵洞工程项目分表（HD）　　　　　　　附表A-4

分项编号	工程或费用名称	单位	主要工作内容	备注
QL01	基础工程	m³		
QL0101	扩大基础	m³		
QL010101	轻型墩台	m³		
QL010102	实体式	m³		
QL0102	桩基础	m³/m		
QL010201	灌注桩基础	m³		
QL010202	预制桩基础	m³		
QL010203	钢管桩基础	t/m		
	……			
QL0103	沉井基础	m³		
QL0104	钢围堰	t		大桥或特大桥的钢围堰深水基础
QL0105	承台	m³		
QL0106	系梁	m³		指地面以下系梁
	……			
QL02	下部构造	m³		
QL0201	桥台	m³		
QL0202	桥墩	m³		
QL0203	索塔	m³		
	……			
QL03	上部构造			按不同的形式划分细目，并注明其跨径
QL0301	钢筋混凝土矩形板	m³		
QL0302	钢筋混凝土空心板	m³		
QL0303	预应力混凝土空心板	m³		
QL0304	预应力混凝土小箱梁	m³		
QL0305	预应力混凝土T梁	m³		
QL0306	现浇混凝土连续梁	m³		
QL0307	现浇混凝土钢构	m³		
QL0308	钢管拱肋	t		含钢管拱、钢管混凝土，如缆索安装，含缆索吊装、扣索系统
QL0309	钢管混凝土	m³		
QL0310	混凝土拱肋	m³		含拱肋混凝土、预应力钢材
QL0311	箱形拱	m³		
QL0312	钢箱梁	t		
QL0313	主缆	t		包含主缆制作、安装

续上表

分项编号	工程或费用名称	单位	主要工作内容	备注
QL0314	猫道	m		包含牵引系统
QL0315	索鞍	t		
QL0316	吊索	t		
QL0317	吊杆	t		
	……			
QL04	桥面铺装			
QL0401	沥青混凝土铺装	m³		包含桥面防水层
QL0402	水泥混凝土铺装	m³		包含桥面防水层
QL0403	钢桥面沥青混凝土铺装	m³		包含桥面防水层
	……			
QL05	桥梁附属结构			
QL0501	桥梁支座	个		
QL050101	板式橡胶支座	dm³		
QL050102	盆式橡胶支座	个		
	……			
QL0502	伸缩缝	m		
QL050201	模数式伸缩缝	m		
	……			
QL0503	护栏与护网	m		
QL050301	人行道及栏杆	m		
QL050302	桥梁钢防撞护栏	m		
QL050303	桥梁波形梁护栏	m		
QL050304	桥梁混凝土防撞护栏	m		
QL050305	桥梁防护网	m		
QL06	其他工程	m		
	……			

隧道工程项目分表（SD） 附表 A-5

分项编号	工程或费用名称	单位	主要工程内容	备注
SD01	洞门及明洞开挖	m³		
SD0101	挖土方	m³		
SD0102	挖石方	m³		
	……			
SD02	洞口坡面排水、防护	m³		
SD0201	浆砌彼水沟	m³		
SD0202	浆砌片石护坡	m³		
SD0203	混凝土护坡	m³		
SD0204	喷射混凝土	m³		

续上表

分项编号	工程或费用名称	单位	主要工程内容	备 注
SD0205	钢筋网	t		
SD0206	锚杆	t/m		
SD0207	种草(皮)	m²		
SD0208	保温出水口	个		
	……			
SD03	洞门建筑	m³/座		按不同材料分级
SD0301	浆砌洞门墙	m³		
SD0302	混凝土洞门墙	m³		
SD04	明洞修筑	m		
SD0401	明洞衬砌及洞顶回填	m³/m		
SD040101	混凝土衬砌	m³		
SDO40102	钢筋	t		
SD040103	洞顶回填	m³		
SD04010301	浆砌片石	m³		
SD04010302	碎石土	m³		
SD040104	遮光棚(板)	m		
SD04010401	基础	m³		
SD04010402	型钢支架	t		
SD04010403	遮光棚(板)	m²		
	……			
SD05	洞身开挖	m³/m		
SD0501	开挖	m³/m		按围岩级别分级
SD0502	注浆小导管	m		
SD0503	管棚	m		
SD0504	锚杆	m		按锚杆类型分级
SD0505	钢拱架(支撑)	t		
SD0506	注浆工程	m³		
SD0507	套拱混凝土	m³		
SD0508	孔口管	t		
SD0509	喷混凝土	m³		
SD0510	钢筋网	t		
SD0511	地质超前预报	总额		
	……			
SD06	洞身衬砌	m³		
SD0601	浆砌块(片)石	m³		

续上表

分项编号	工程或费用名称	单位	主要工程内容	备 注
SD0602	现浇混凝土	m³		
SD0603	钢筋	t		
	……			
SD07	仰拱	m³		
SD0701	仰拱混凝土	m³		
SD0702	仰拱回填混凝土	m³		
SD0703	钢筋	t		
	……			
SD08	洞内管、沟	m³		洞内管沟按照不同类别单列
SD0801	电缆沟	m		
SD080101	现浇混凝土	m/m³		
SD080102	预制混凝土	m/m³		
SD080103	钢筋	t		
SD080104	碎石垫层	m³		
	……			
SD09	防水与排水	m³		
SD0901	防水板	m²		
SD0902	止水带、条	m		
SD0903	压浆	m³		
SD0904	排水管	m		
	……			
SD10	洞内路面	m²		按不同的路面结构和厚度分级
SD1001	水泥混凝土路面	m²		
SD1002	沥青混凝土路面	m²		
	……			
SD11	洞身及洞门装饰	m²		
SD1101	隧道铭牌	个		
SD1102	喷防火涂料	m²		
	……			

交通安全设施工程项目分表（JA） 附表 A-6

分项编号	工程或费用名称	单位	主要工程内容	备 注
JA01	护栏	m		
JA0101	混凝土、圬工砌体护栏	m³/m		
JA010101	预制混凝土护栏	m³/m		
	……			

续上表

分项编号	工程或费用名称	单位	主要工程内容	备 注
JA0102	现浇钢筋混凝土防撞护栏	m³/m		
JA010201	现浇钢筋混凝土防撞护栏堵体混凝土	m³/m		
JA0103	柱式护栏	m³/m		
JA0101	石砌墙式护栏	m³/m		
JA0105	钢护栏	m		
JA010501	波形钢板护栏	m		
JA010502	缆索护栏	m		
JA010503	活动护栏	m		
JA02	隔离栅	m		
JA03	标志牌	块		
JA0301	铝合金标志牌	块		
JA030101	单柱式铝合金标志牌	块		
JA030102	双柱式铝合金标志牌	块		
JA030103	单悬臂铝合金标志牌	块		
JA030104	双悬臂铝合金标志牌	块		
JA030105	门架式铝合金标志牌	块		
JA030106	附着式铝合金标志牌	块		
JA0302	钢板标志牌	块		
JA030201	单柱式钢板标志牌	块		
JA030202	双柱式钢板标志牌	块		
JA030203	单悬臂钢板标志牌	块		
JA030204	双悬臂钢板标志牌	块		
JA030205	门架式钢板标志牌	块		
JA030206	附着式钢板标志牌	块		
	……			
JA04	标线	m²		指标线的总面积
JA0401	路面标线	m²		
JA040101	热溶标线	m²/m		
JA040102	普通标线	m²/m		
JA040103	振动标线	m²/m		
JA040104	彩色铺装标线	m²		
	……			
JA0402	路钮	个		
JA040201	路面反光路钮	个		
JA040202	自发光路面标识	个		
	……			

续上表

分项编号	工程或费用名称	单位	主要工程内容	备 注
JA0403	减速带	m/处		
JA05	里程牌、百米桩、界碑	个		
JA0501	混凝土里程牌、百米桩、界碑	个		
JA050101	混凝土里程牌	个		
JA050102	混凝土百米桩	个		
JA050103	混凝土界碑	个		
JA0502	铝合金里程牌、百米桩、界碑	个		
JA050201	铝合金里程牌	个		
JA050202	铝合金百米桩	个		
JA050203	铝合金界碑	个		
JA06	轮廓标	个		
JA0601	钢板柱轮廓标	个		
JA0602	玻璃钢柱式轮廓标	个		
JA0603	栏式轮廓标	个		
JA07	防眩、防撞设施			
JA0701	防眩板	m		
JA0702	防眩网	m		
JA0703	防撞桶	个		
JA0704	防撞垫	个		
JA0705	水马	个		
JA08	中间带及车道分离块	公路公里		
JA0801	中间带	公路公里		
JA080101	预制混凝土中间带	m³/m		
JA080102	现浇混凝土中间带	m³/m		
JA080103	中间带填土	m³		
JA0802	隔离墩	m		
JA080201	预制混凝土隔离墩	m³/m		
JA080202	现浇混凝土隔离墩	m³/m		
JA0803	车道分离块	m³/m		
JA09	安全设施拆除工程	公路公里		
JA0901	拆除铝合金标志	个		
JA0902	拆除混凝土护栏	m³/m		
JA0903	拆除波形梁护栏	m		
JA0904	拆除隔离栅	m		
JA0905	拆除里程牌	个		

续上表

分项编号	工程或费用名称	单位	主要工程内容	备 注
JA0906	拆除百米牌	个		
JA0907	拆除界碑	个		
JA0908	拆除防眩板	m		
JA0909	拆除突起路标	块		
JA0910	铲除标线	m²/m		
JA10	客运汽车停空站防雨棚	个		
JA1001	钢结构防雨棚	个		
JA1002	钢筋混凝土防雨棚	个		
JA1003	客运汽车停靠站地坪	m²		
	……			

隧道机电工程项目分表(SJ)　　　　　　　　　　　　　附表 A-7

分项编号	工程或费用名称	单位	主要工作内容	备 注
SJ01	隧道监控			
SJ0101	隧道监控设备费			
SJ0102	隧道监控设备安装			
SJ0103	监控系统配电工程			
	……			
SJ02	隧道供电及照明系统			
SJ0201	隧道供电设备费			
SJ0202	隧道照明安装			
	……			
SJ03	隧道通风系统	km		按隧道单洞长度
SJ0301	隧道通风设备费	km		
SJ0302	隧道通风设备安装	km		
	……			
SJ04	隧道消防系统	km		按隧道单洞长度
SJ0401	隧道消防设备费	km		
SJ0402	隧道消防设备安装	km		
	……			
SJ05	防火涂料	m²		按涂料种类计列
	……			
SJ06	洞室门	个		按洞室类型分级
SJ0601	卷帘门	个		
SJ0602	检修门	个		
SJ0603	风机启动柜洞门	个		
SJ0601	消防室洞门	个		
SJ0605	防火闸门	个		
	……			

绿化及环境保护工程项目分表(LH)　　附表 A-8

分项编号	工程或费用名称	单位	主要工作内容	备注
LH01	边坡绿化工程	m²		按不同的材料分级、建议列入绿化工程
LH0101	播种草籽	m²		
LH0102	铺(植)草皮	m²		
LH0103	土工织物植草	m²		
LH0104	植生袋植草	m²		
LH0105	液压喷播植草	m²		
LH0106	客土喷播植草	m²		
LH0107	喷混植草	m²		
LH0108	路堑边坡种植(插扦)灌木	m² 或株		
LH0109	路堤边坡种植(插扦)灌木	m² 或株		
	……			
LH02	场地绿化及环保	m²		按不同的内容分级
LH0201	撒播草种	m²		按不同的内容分级
LH0202	铺植草皮	m²		按不同的内容分级
LH0203	绿地喷灌管道	m		按不同的内容分级
	……			
LH03	种植乔木	株		按不同的树种分级
LH0301	高山榕	株		
LH0302	美人蕉	株		
	……			
LH04	种植灌木	株		不同的树种分级
LH0401	夹竹桃	株		
LH0402	月季	株		
	……			
LH05	种植攀缘植物	株		按不同的树种分级
LH0501	爬山虎	株		
LH0502	葛藤	株		
	……			
LH06	种植竹类植物	株		按不同的内容分级
LH07	种植棕榈类植物	株		按不同的内容分级
LH08	栽植绿篱	m²		
LH09	声屏障	m		按不同的材料及类型分级
LH0901	消声板声屏障	m		
LH0902	吸音砖声屏障	m³		
LH0903	砖堵声屏障	m³		
	……			

附录B 全国部分省、自治区、直辖市冬季施工气温区划分表

省、自治区、直辖市	地区、市、自治州、盟(县)	气温区	
北京	全境	冬二	Ⅰ
天津	全境	冬二	Ⅰ
河北	石家庄、邢台、邯郸、衡水市(冀州区、枣强县、故城县)	冬一	Ⅱ
	廊坊、保定(涞源县及以北除外)、衡水(冀州区、枣强县、故城县除外)、沧州市	冬二	Ⅰ
	唐山、秦皇岛市		Ⅱ
	承德(围场县除外)、张家口市(沽源县、张北县、尚义县、康保县除外)、保定市(涞源县及以北)	冬三	
	承德(围场县)、张家口市(沽源县、张北县、尚义县、康保县)	冬四	
山西	运城市(万荣县、夏县、绛县、新绛县、稷山县、闻喜县除外)	冬一	Ⅱ
	运城(万荣县、夏县、绛县、新绛县、稷山县、闻喜县)、临汾(尧都区、侯马市、曲沃县、翼城县、襄汾县、洪洞县)、阳泉(盂县除外)、长治(黎城县)、晋城市(城区、泽州县、沁水县、阳城县)	冬二	Ⅰ
	太原(娄烦县除外)、阳泉(盂县)、长治(黎城县除外)、晋城市(城区、泽州县、沁水县、阳城县除外)、晋中(寿阳县、和顺县、左权县除外)、临汾(尧都区、侯马市、曲沃县、翼城县、襄汾县、洪洞县除外)、吕梁市(孝义市、汾阳市、文水县、交城县、柳林县、石楼县、交口县、中阳县)		Ⅱ
	太原(娄烦县)、大同(左云县除外)、朔州(右玉县除外)、晋中(寿阳县、和顺县、左权县)、忻州、吕梁市(离石区、临县、岚县、方山县、兴县)	冬三	
	大同(左云县)、朔州市(右玉县)	冬四	
内蒙古	乌海市、阿拉善盟(阿拉善左旗、阿拉善右旗)	冬二	Ⅰ
	呼和浩特(武川县除外)、包头(固阳县除外)、赤峰、鄂尔多斯、巴彦淖尔、乌兰察布市(察哈尔右翼中旗除外),阿拉善盟(额济纳旗)	冬三	
	呼和浩特(武川县)、包头(固阳县)、通辽、乌兰察布市(察哈尔右翼中旗)、锡林郭勒(苏尼特右旗、多伦县)、兴安盟(阿尔山市除外)	冬四	
	呼伦贝尔市(海拉尔区、新巴尔虎右旗、阿荣旗),兴安(阿尔山市)、锡林郭勒盟(冬四区以外各地)	冬五	
	呼伦贝尔市(冬五区以外各地)	冬六	
辽宁	大连(瓦房店市、普兰店区、庄河市除外)、葫芦岛市(绥中县)	冬二	Ⅰ
	沈阳(康平县、法库县除外)、大连(瓦房店市、普兰店区、庄河市)、鞍山、本溪(桓仁县除外)、丹东、锦州、阜新、营口、辽阳、朝阳(建平县除外)、葫芦岛(绥中县除外)、盘锦市	冬三	
	沈阳(康平县、法库县)、抚顺、本溪(桓仁县)、朝阳(建平县)、铁岭市	冬四	
吉林	长春(榆林市除外)、四平、通化(辉南县除外)、辽源、白山(靖宇县、抚松县、长白县除外)、松原(长岭县)、白城市(通榆县)、延边自治州(敦化市、汪清县、安图县除外)	冬四	
	长春(榆林市)、吉林、通化(辉南县)、白山(靖宇县、抚松县、长白县)、白城(通榆县除外)、松原市(长岭县除外),延边自治州(敦化市、汪清县、安图县)	冬五	

续上表

省、自治区、直辖市	地区、市、自治州、盟(县)	气温区	
黑龙江	牡丹江市(绥芬河市、东宁市)	冬四	
	哈尔滨(依兰县除外)、齐齐哈尔(讷河市、依安县、富裕县、克山县、克东县、拜泉县除外)、绥化(安达市、肇东市、兰西县)、牡丹江(绥芬河市、东宁市除外)、双鸭山(宝清县)、佳木斯(桦南县)、鸡西、七台河、大庆市	冬五	
	哈尔滨(依兰县)、佳木斯(桦南县除外)、双鸭山(宝清县除外)、绥化(安达市、肇东市、兰西县除外)、齐齐哈尔(讷河市、依安县、富裕县、克山县、克东县、拜泉县)、黑河、鹤岗、伊春市,大兴安岭地区	冬六	
上海	全境	准二	
江苏	徐州、连云港市	冬一	I
	南京、无锡、常州、淮安、盐城、宿迁、扬州、泰州、南通、镇江、苏州市	准二	
浙江	杭州、嘉兴、绍兴、宁波、湖州、衢州、舟山、金华、温州、台州、丽水市	准二	
安徽	亳州市	冬一	I
	阜阳、蚌埠、淮南、滁州、合肥、六安、马鞍山、芜湖、铜陵、池州、宣城、黄山市	准一	
	淮北、宿州市	准二	
福建	宁德(寿宁县、周宁县、屏南县)、三明市	准一	
江西	南昌、萍乡、景德镇、九江、新余、上饶、抚州、宜春市	准一	
山东	全境	冬一	I
河南	安阳、商丘、周口(西华县、淮阳县、鹿邑县、扶沟县、太康县)、新乡、三门峡、洛阳、郑州、开封、鹤壁、焦作、济源、濮阳、许昌市	冬一	I
	驻马店、信阳、南阳、周口(西华县、淮阳县、鹿邑县、扶沟县、太康县除外)、平顶山、漯河市	准二	
湖北	武汉、黄石、荆州、荆门、鄂州、宜昌、咸宁、黄冈、天门、潜江、仙桃市,恩施自治州	准一	
	孝感、十堰、襄阳、随州市,神农架林区	准二	
湖南	全境	准一	
重庆	城口县	准一	
四川	阿坝(黑水县)、甘孜藏族自治州(新龙县、道浮县、泸定县)	冬一	II
	甘孜藏族自治州(甘孜县、康定市、白玉县、炉霍县)	冬二	I
	阿坝(壤塘县、红原县、松潘县)、甘孜藏族自治州(德格县)		II
	阿坝(阿坝县、若尔盖县、九寨沟县)、甘孜藏族自治州(石渠县、色达县)	冬三	
	广元市(青川县)、阿坝(汶川县、小金县、茂县、理县)、甘孜(巴塘县、雅江县、得荣县、九龙县、理塘县、乡城县、稻城县)、凉山自治州(盐源县、木里县)	准一	
	阿坝(马尔康市、金川县)、甘孜藏族自治州(丹巴县)	准二	
贵州	贵阳、遵义(赤水市除外)、安顺市、黔东南、黔南、黔西南自治州	准一	
	六盘水、毕节市	准二	
云南	迪庆自治州(德钦县、香格里拉市)	冬一	II
	曲靖(宣威市、会泽县)、丽江(玉龙县、宁蒗县)、昭通市(昭阳区、大关县、威信县、彝良县、镇雄县、鲁甸县)、迪庆(维西县)、怒江(兰坪县)、大理自治州(剑川县)	准一	

续上表

省、自治区、直辖市	地区、市、自治州、盟(县)	气温区	
西藏	拉萨(当雄县除外)、日喀则(拉孜县)、山南(浪卡子县、错那县、隆子县除外)、昌都(芒康县、左贡县、类乌齐县、丁青县、洛隆县除外)、林芝市	冬一	Ⅰ
	山南(隆子县)、日喀则市(定日县、聂拉木县、亚东县、拉孜县除外)		Ⅱ
	昌都市(洛隆县)	冬二	Ⅰ
	昌都(芒康县、左贡县、类乌齐县、丁青县)、山南(浪卡子县)、日喀则市(定日县、聂拉木县)、阿里地区(普兰县)		Ⅱ
	拉萨(当雄县)、山南(错那县)、日喀则市(亚东县)、那曲(安多县除外)、阿里地区(普兰县除外)	冬三	
	那曲市(安多县)	冬四	
陕西	西安、宝鸡、渭南、咸阳(彬县、旬邑县、长武县除外)	冬一	Ⅰ
	铜川(印台区、王益区)、咸阳市(彬县、旬邑县、长武县)		Ⅱ
	延安(吴起县除外)、榆林(清涧县)、铜川市(宜君县)	冬二	Ⅱ
	延安(吴起县)、榆林市(清涧县除外)	冬三	
	商洛、安康、汉中市(留坝县、佛坪县除外)	准二	
甘肃	陇南市(两当县、徽县)	冬一	Ⅱ
	兰州、天水、白银(会宁县、靖远县)、定西、平凉、庆阳、陇南市(西和县、礼县、宕昌县)、临夏、甘南自治州(舟曲县)	冬二	Ⅱ
	嘉峪关、金昌、白银(白银区、平川区、景泰县)、酒泉、张掖、武威市、甘南自治州(舟曲县除外)	冬三	
	陇南市(武都区、文县)	准一	
	陇南市(成县、康县)	准二	
青海	海东市(民和县)	冬二	Ⅱ
	西宁、海东市(民和县除外)、黄南(泽库县除外)、海南、果洛(班玛县、达日县、久治县)、玉树(囊谦县、杂多县、称多县、玉树市)、海西自治州(德令哈市、格尔木市、都兰县、乌兰县)	冬三	
	海北(野牛沟、托勒除外)、黄南(泽库县)、果洛(玛沁县、甘德县、玛多县)、玉树(曲麻莱县、治多县)、海西自治州(冷湖、茫崖、大柴旦、天峻县)	冬四	
	海北(野牛沟、托勒)、玉树(清水河)、海西自治州(唐古拉山区)	冬五	
宁夏	全境	冬二	Ⅱ
新疆	阿拉尔、哈密市(哈密市沁城镇)、喀什(喀什市、伽师县、巴楚县、英吉沙县、麦盖提县、莎车县、叶城县、泽普县)、阿克苏(沙雅县、阿瓦提县)、和田地区、伊利(伊宁市、新源县、霍城县霍尔果斯镇)、巴音郭楞(库尔勒市、若羌县、且末县、尉犁县铁干里可)、克孜勒苏自治州(阿图什市、阿克陶县)	冬二	Ⅰ
	喀什地区(岳普湖县)		Ⅱ
	乌鲁木齐(牧业气象试验站、达坂城区、乌鲁木齐县小渠子乡)、吐鲁番、塔城哈密市(上间房、红柳河、伊吾县淖毛湖)、(乌苏市、沙湾县、额敏县除外)、阿克苏(沙雅县、阿瓦提县除外)、喀什地区(塔什库尔干)、克孜勒苏(乌恰县、阿合奇县)、巴音郭勒(和静县、焉耆县、和硕县、轮台县、尉犁县、且末县塔中)、伊利自治州(伊宁市、霍城县、察布查尔县、尼勒克县、巩留县、昭苏县、特克斯县)	冬三	

续上表

省、自治区、直辖市	地区、市、自治州、盟(县)	气温区
新疆	乌鲁木齐(冬三区以外各地)、哈密市(巴里坤县)、塔城(额敏县、乌苏市)、阿勒泰(阿勒泰市、哈巴河县、吉木乃县)、昌吉(昌吉市、木垒县、奇台县北塔山镇、阜康市天池)、博尔塔拉(温泉县、精河县、阿拉山口口岸)、克孜勒苏自治州(乌恰县土尔尕特口岸)	冬四
	克拉玛依、石河子市、塔城(沙湾县)、阿勒泰地区(布尔津县、福海县、富蕴县、青河县)、博尔塔拉(博乐市)、昌吉(阜康市、玛纳斯县、呼图壁县、吉木萨尔县、奇台县)、巴音郭勒自治州(和静县巴音布鲁克乡)	冬五

注：为避免烦冗，各民族自治州名称予以简化，如青海省的"海西蒙古族藏族自治州"简化为"海西自治州"。

附录C 全国部分地区雨季施工雨量区及雨季期划分表

地区	地区、市、自治州、盟(县)	雨量区	雨季期(月数)
北京	全境	Ⅱ	2
天津	全境	Ⅰ	2
河北	张家口、承德市(围场县)	Ⅰ	1.5
河北	承德(围场县除外)、保定、沧州、石家庄、廊坊、邢台、衡水、邯郸、唐山、秦皇岛市	Ⅱ	2
山西	全境	Ⅰ	1.5
内蒙古	呼和浩特、通辽、呼伦贝尔(海拉尔区、满洲里市、陈巴尔虎旗、鄂温克旗)、鄂尔多斯(东胜区)、准格尔旗、伊金霍洛旗、达拉特旗、乌审旗)、赤峰、包头、乌兰察布市(集宁区、化德县、商都县、兴和县、四子王旗、察哈尔右翼中旗、察哈尔右翼后旗、卓资县及以南),锡林郭勒盟(锡林浩特市、多伦县、太仆寺旗、西乌珠穆沁旗、正蓝旗、正镶白旗)	Ⅰ	1
内蒙古	呼伦贝尔市(牙克石市、额尔古纳市、鄂伦春旗、扎兰屯市及以东)、兴安盟		2
辽宁	大连(长海县、瓦房店市、普兰店区、庄河市除外)、朝阳市(建平县)	Ⅰ	2
辽宁	沈阳(康平县)、大连(长海县)、锦州(北镇市除外)、营口(盖州市)、朝阳市(凌源市、建平县除外)	Ⅰ	2.5
辽宁	沈阳(康平县、辽中区除外)、大连(瓦房店市)、鞍山(海城市、台安县、岫岩县除外)、锦州(北镇市)、阜新、朝阳(凌源市)、盘锦、葫芦岛(建昌县)、铁岭市	Ⅰ	3
辽宁	抚顺(新宾县)、辽阳市	Ⅰ	3.5
辽宁	沈阳(辽中区)、鞍山(海城市、台安县)、营口(盖州市除外)、葫芦岛市(兴城市)	Ⅱ	2.5
辽宁	大连(普兰店区)、葫芦岛市(兴城市、建昌县除外)	Ⅱ	3
辽宁	大连(庄河市)、鞍山(岫岩县)、抚顺(新宾县除外)、丹东(凤城市、宽甸县除外)、本溪市	Ⅱ	3.5
辽宁	丹东市(凤城市、宽甸县)	Ⅱ	4
吉林	辽源、四平(双辽市)、白城、松原市	Ⅰ	2
吉林	吉林、长春、四平(双辽市除外)、白山市、延边自治州	Ⅱ	2
吉林	通化市	Ⅱ	3
黑龙江	哈尔滨(市区、呼兰区、五常市、阿城区、双城区)、佳木斯(抚远市)、双鸭山(市区、集贤县除外)、齐齐哈尔(拜泉县、克东县除外)、黑河(五大连池市、嫩江县)、绥化(北林区、海伦市、望奎县、绥棱县、庆安县除外)、牡丹江、大庆、鸡西、七台河市,大兴安岭地区(呼玛县除外)	Ⅰ	2
黑龙江	哈尔滨(市区、呼兰区、五常市、阿城区、双城区除外)、佳木斯(抚远市除外)、双鸭山(市区、集贤县)、齐齐哈尔(拜泉县、克东县)、黑河(五大连池市、嫩江县除外)、绥化(北林区、海伦市、望奎县、绥棱县、庆安县)、鹤岗、伊春市、大兴安岭地区(呼玛县)	Ⅱ	2
上海	全境	Ⅱ	4

续上表

地区	地区、市、自治州、盟(县)	雨量区	雨季期(月数)
江苏	徐州、连云港市	II	2
	盐城市		3
	南京、镇江、淮安、南通、宿迁、扬州、常州、泰州市		4
	无锡、苏州市		4.5
浙江	舟山市	II	4
	嘉兴、湖州市		4.5
	宁波、绍兴市		6
	杭州、金华、温州、衢州、台州、丽水市		7
安徽	阜阳市、亳州、淮北、宿州、蚌埠、淮南、六安、合肥市	II	2
	滁州、马鞍山、芜湖、铜陵、宣城市		3
	池州市		4
	安庆、黄山市		5
福建	泉州市(惠安县崇武)	I	4
	福州(平潭县)、泉州(晋江市)、厦门(同安区除外)、漳州市(东山县)		5
	三明(永安市)、福州(市区、长乐区)、莆田(仙游县除外)		6
	南平(顺昌县除外)、宁德(福鼎市、霞浦县)、三明(永安市、尤溪县、大田县除外)、福州(市区、长乐区、平潭县除外)、龙岩(长汀县、连城县)、泉州(晋江市、惠安县崇武、德化县除外)、莆田(仙游县)、厦门(同安区)、漳州市(东山县除外)	II	7
	南平(顺昌县)、宁德(福鼎市、霞浦县除外)、三明(尤溪县、大田县)、龙岩(长汀县、连城县除外)、泉州市(德化县)		8
江西	南昌、九江、吉安市	II	6
	萍乡、景德镇、新余、鹰潭、上饶、抚州、宜春、赣州市		7
山东	济南、潍坊、聊城市	I	3
	淄博、东营、烟台、济宁、威海、德州、滨州市		4
	枣庄、泰安、莱芜、临沂、菏泽市		5
	青岛市	II	3
	日照市		4
河南	郑州、许昌、洛阳、济源、新乡、焦作、三门峡、开封、濮阳、鹤壁市	I	2
	周口、驻马店、漯河、平顶山、安阳、商丘市		3
	南阳市		4
	信阳市	II	2
湖北	十堰、襄阳、随州市,神农架林区	I	3
	宜昌(秭归县、远安县、兴山县)、荆门市(钟祥市、京山县)	II	2
	武汉、黄石、荆州、孝感、黄冈、咸宁、荆门(钟祥市、京山县除外)、天门、潜江、仙桃、鄂州、宜昌市(秭归县、远安县、兴山县除外),恩施自治州		6

176

续上表

地区	地区、市、自治州、盟(县)	雨量区	雨季期(月数)
湖南	全境	Ⅱ	6
广东	茂名、中山、汕头、潮州市	Ⅰ	5
	广州、江门、肇庆、顺德、湛江、东莞市		6
	珠海市	Ⅱ	5
	深圳、阳江、汕尾、佛山、河源、梅州、揭阳、惠州、云浮、韶关市		6
	清远市		7
广西	百色、河池、南宁、崇左市	Ⅱ	5
	桂林、玉林、梧州、北海、贵港、钦州、防城港、贺州、柳州、来宾市		6
海南	全境	Ⅱ	6
重庆	全境	Ⅱ	4
四川	阿坝(松潘县、小金县)、甘孜藏族自治州(丹巴县、石渠县)	Ⅰ	1
	泸州市(古蔺县),阿坝(阿坝县、若尔盖县)、甘孜藏族自治州(道孚县、炉霍县、甘孜县、巴塘县、乡城县)		2
	德阳、乐山(峨边县)、雅安市(汉源县),阿坝(壤塘县)、甘孜(泸定县、新龙县、德格县、白玉县、色达县、得荣县)、凉山自治州(美姑县)		3
	绵阳(江油市、安州区、北川县除外)、广元、遂宁、宜宾市(长宁县、珙县、兴文县除外),阿坝(黑水县、红原县、九寨沟县)、甘孜(九龙县、雅江县、理塘县)、凉山自治州(会理县、木里县、宁南县)		4
	南充(仪陇县除外)、广安(岳池县、武胜县、邻水县)、达州(大竹县)、阿坝(马尔康市)、甘孜(康定市)、凉山自治州(甘洛县)		5
	自贡(富顺县除外)、绵阳(北川县)、内江、资阳、雅安(石棉县)、甘孜(稻城县)、凉山(盐源县、雷波县、金阳县)		3
四川	成都、自贡(富顺县)、攀枝花、泸州(古蔺县除外)、绵阳(江油市、安州区)、眉山(洪雅县除外)、乐山(峨边县、峨眉山市、沐川县除外)、宜宾(长宁县、珙县、兴文县)、广安(岳池县、武胜县、邻水县除外),凉山自治州(西昌市、德昌县、会理、会东县、喜德县、冕宁县)	Ⅱ	4
	眉山(洪雅县)、乐山(峨眉山市、沐川县)、雅安(汉源县、石棉县除外)、南充(仪陇县)、巴中、达州市(大竹县、宣汉县除外)、凉山自治州(昭觉县、布拖县、越西县)		5
	达州市(宣汉县)、凉山自治州(普格县)		6
贵州	贵阳、遵义、毕节市	Ⅱ	4
	安顺、铜仁、六盘水市,黔东南自治州		5
	黔西南自治州		6
	黔南自治州		7

续上表

地区	地区、市、自治州、盟(县)	雨量区	雨季期(月数)
云南	昆明(市区、嵩明县除外)、玉溪、曲靖(富源县、师宗县、罗平县除外)、丽江(宁蒗县、永胜县)、普洱市(墨江县)、昭通市、怒江(兰坪县、泸水市六库镇)、大理(大理市、漾濞县除外)、红河(个旧市、开远市、蒙自市、红河县、石屏县、建水县、弥勒市、泸西县)、迪庆、楚雄自治州	I	5
	保山(腾冲市、龙陵县除外)、临沧市(凤庆县、云县、永德县、镇康县)、怒江(福贡县、泸水市)、红河自治州(元阳县)		6
	昆明(市区、嵩明县)、曲靖(富源县、师宗县、罗平县)、丽江(古城区、华坪县)、普洱市(思茅区、景东县、镇沅县、宁洱县、景谷县)、大理(大理市、漾濞县)、文山自治州	II	5
	保山(腾冲市、龙陵县)、临沧(临翔区、双江县、耿马县、沧源县)、普洱市(西盟县、澜沧县、孟连县、江城县)、怒江(贡山县)、德宏、红河(绿春县、金平县、屏边县、河口县)、西双版纳自治州		6
西藏	山南(加查县除外)、日喀则市(定日县)、那曲(索县除外)、阿里地区	I	1
	拉萨、昌都(类乌齐县、丁青县、芒康县除外)、日喀则(拉孜县)、林芝市(察隅县)、那曲(索县)		2
	昌都(类乌齐县)、林芝市(米林县)		3
	昌都(丁青县)、林芝市(米林县、波密县、察隅县除外)		4
	林芝市(波密县)	II	5
	昌都市(芒康县)、山南(加查县)、日喀则市(定日县、拉孜县除外)		2
陕西	榆林、延安市	I	1.5
	铜川、西安、宝鸡、咸阳、渭南市、杨凌区		2
	商洛、安康、汉中市		3
甘肃	天水(甘谷县、武山县)、陇南市(武都区、文县、礼县)、临夏(康乐县、广河县、永靖县)、甘南自治州(夏河县)	I	1
	天水(麦积区、秦州区)、定西(渭源县)、庆阳(华池县、环县)、陇南市(西和县)、临夏(临夏市)、甘南自治州(临潭县、卓尼县)		1.5
	天水(秦安县)、定西(临洮县、岷县)、平凉(崆峒区)、庆阳(庆城县)、陇南市(宕昌县)、临夏(临夏县、东乡区、积石山县)、甘南自治州(合作市)		2
	天水(张家川县)、平凉(静宁县、庄浪县)、庆阳(镇原县)、陇南市(两当县)、临夏(和政县)、甘南自治州(玛曲县)		2.5
	天水(清水县)、平凉(泾川县、灵台县、华亭县、崇信县)、庆阳(西峰区、合水县、正宁县、宁县)、陇南市(徽县、成县、康县)、甘南自治州(碌曲县、迭部县)		3
青海	西宁(湟源县)、海东市(平安区、乐都区、民和县、化隆县、托勒)、海北(海晏县、祁连县、刚察县)、海南(同德县、贵南县)、黄南(泽库县、同仁县)、海西自治州(天峻县)	I	1
	西宁(湟源县除外)、海东市(互助县)、海北(门源县)、果洛(达日县、久治县、班玛县)、玉树自治州(称多县、杂多县、囊谦县、玉树市)、河南自治县		1.5

续上表

地区	地区、市、自治州、盟(县)	雨量区	雨季期(月数)
宁夏	固原地区(隆德县、泾源县)	I	2
新疆	乌鲁木齐市(小渠子乡、牧业气象试验站、大西沟乡),昌吉(阜康市天池),克孜勒苏(土尔尕特、托云、巴音库鲁提)、伊犁自治州(昭苏县、霍城县二台、松树头)	I	1
台湾	(资料暂缺)		

注：1. 表中未列的地区除西藏林芝市墨脱县因无资料未划分外，其余地区均因降雨天数或平均日降雨量未达到计算雨季施工增加费的标准，故未划分雨量区及雨季期。

2. 行政区划依据资料及自治州、市的名称列法同冬季施工气温区划分说明。

附录 D 全国风沙地区公路施工区划分表

区划	沙漠(地)名称	地理位置	自然特征
风沙一区	呼伦贝尔沙地、嫩江沙地	呼伦贝尔沙地位于内蒙古呼伦贝尔平原，嫩江沙地位于东北平原西北部嫩江下游	属半干旱、半湿润严寒区，年降水量280～400mm，年蒸发量1400～1900mm，干燥度1.2～1.5
风沙一区	科尔沁沙地	散布于东北平原西辽河中、下游主干及支流沿岸的冲积平原上	属半湿润温冷区，年降水量300～450mm，年蒸发量1700～2400mm，干燥度1.2～2.0
风沙一区	浑善达克沙地	位于内蒙古锡林郭勒盟南部和赤峰市西北部	属半湿润温冷区，年降水量100～400mm，年蒸发量2200～2700mm，干燥度1.2～2.0，年平均风速3.5～5m/s，年大风天数50～80d
风沙一区	毛乌素沙地	位于内蒙古鄂尔多斯中南部和陕西北部	属半干旱温热区，年降水量东部400～440mm，西部仅250～320mm，年蒸发量2100～2600mm，干燥度1.6～2.0
风沙一区	库布奇沙漠	位于内蒙古鄂尔多斯北部黄河河套平原以南	属半干旱温热区，年降水量150～400mm，年蒸发量2100～2700mm，干燥度2.0～4.0，年平均风速3～4m/s
风沙二区	乌兰布和沙漠	位于内蒙古阿拉善东北部，黄河河套平原西南部	属干旱温热区，年降水量100～145mm，年蒸发量2400~2900mm，干燥度8.0～16.0，地下水相当丰富，埋深一般为1.5～3m
风沙二区	腾格里沙漠	位于内蒙古阿拉善东南部及甘肃武威部分地区	属干旱温热区，沙丘、湖盆、山地、残丘及平原交错分布，年降水量116～148mm，年蒸发量3000～3600mm，燥度4.0～12.0
风沙二区	巴丹吉林沙漠	位于内蒙古阿拉善西南边缘及甘肃酒泉部分地区	属干旱温热区，沙山高大密集，形态复杂，起伏悬殊，一般高200～300m，最高可达420m，年降水量40～80mm，年蒸发量1720～3320mm，干燥度7.0～16.0
风沙二区	柴达木沙漠	位于青海柴达木盆地	属极干旱寒冷区，风蚀地、沙丘、戈壁、盐湖和盐土平原相互交错分布，盆地东部年均气温2～4℃，西部为1.5～2.5℃，年降水量东部为50～170mm，西部为10～25mm，年蒸发量2500～3000mm，干燥度16.0～32.0
风沙二区	古尔班通古特沙漠	位于新疆北部准噶尔盆地	属干旱温冷区，其中固定、半固定沙丘面积占沙漠面积的97%，年降水量70～150mm，年蒸发量1700～2200mm，干燥度2.0～10.0
风沙三区	塔克拉玛干沙漠	位于新疆南部塔里木盆地	属极干旱炎热区，年降水量东部20mm左右，南部30mm左右，西部40mm左右，北部50mm以上，年蒸发量在1500～3700mm，中部达高限，干燥度>32.0
风沙三区	库姆达格沙漠	位于新疆东部、甘肃西部，罗布泊低地南部和阿尔金山北部	属极干旱炎热区，全部为流动沙丘，风蚀严重，年降水量10～20mm，年蒸发量2800～3000mm，干燥度>32.0，8级以上大风天数在100d以上

附录 E

1 公路造价常用分项指标

桥梁方面　　　　　　　　　　　　　　　　　　　　　　　　　附表 E-1

项目	价格		
	全国平均(元/桥平方米)	全国最高(元/桥平方米)	全国最低(元/桥平方米)
空心板	3539	5000~9000(西藏)	2300(广东)
预制小箱梁	3823	5000~10000(西藏)	2500~2700(四川)
预制T梁	4327	7000~10000(西藏)	2800~3300(四川) 2500~3600(重庆)

互通立交方面　　　　　　　　　　　　　　　　　　　　　　　附表 E-2

项目	价格		
	全国平均(万元/处)	全国最高(万元/处)	全国最低(万元/处)
单喇叭互通	8710	15000(贵州)	3000~4000(西藏)
双喇叭互通	16108	20000~40000(浙江)	7000(广东)
枢纽互通	31860	40000~80000(甘肃)	13147(黑龙江)

附属设施及临时工程方面　　　　　　　　　　　　　　　　　　附表 E-3

项目	价格		
	全国平均(元/m²)	全国最高(元/m²)	全国最低(元/m²)
房建工程	4618	8000(山西)	3000(重庆、四川)

其他方面　　　　　　　　　　　　　　　　　　　　　　　　　附表 E-4

项目	价格		
	全国平均(万元/km)	全国最高(万元/km)	全国最低(万元/km)
绿化工程	100	225(青海、甘肃)	25(宁夏)
安全设施	186	908(内蒙古)	80(黑龙江)
隧道机电工程	2092	10000(广东)	255~468(安徽)
路段机电工程	164	1000(湖南)	13(山西)
平原便道	31	100(河北)	15(广东、宁夏)
山区便道	73	300(河北)	20(浙江)
钢栈桥	1827	3800(山西)	695(黑龙江)

2 现阶段全国部分省市公路造价水平一览表

序号	省份	高速公路 每公里造价（万元/km）	高速公路 四车道	高速公路 六车道	桥隧比 30%以下	桥隧比 30%~50%	桥隧比 50%~70%	桥隧比 70%以上	一级公路 每公里造价（万元/公里）	一级公路 四车道	一级公路 六车道	桥隧比 30%以下	桥隧比 30%~50%	桥隧比 50%以上	二级公路 每公里造价（万元/km）	备注
1	黑龙江	4500	—	—	—	—	—	—	3250	3315	—	—	—	—	—	
2	山西	12227	11485	11775	11776	11485	14169	—	5458	5458	—	—	—	—	1514	
3	安徽	10650	9906	—	8210	10192	13012	—	5750	—	8312	—	—	—	3000	
4	湖北	9439	9362	17814	6806	10527	—	14631	2868	2868	—	2868	—	—	1561	2017年
5	湖南	10000	—	—	9188	9050	—	—	4000	—	—	3558	—	—	1300	
6	江西	6970	6970	—	6970	—	—	—	3387	3387	—	3387	—	—	1112	
7	吉林	6988	6988	—	6988	—	—	—	—	—	—	—	—	—	—	2016年
8	河南	11570	11570	—	8606	11712	14464	—	—	—	—	—	—	—	—	
中部地区平均每公里造价		9043							4119						1698	
9	河北	—	—	—	—	—	—	—	—	—	—	—	—	—	—	
10	山东	9217	9217	—	9217	—	—	—	3544	3544	—	3544	—	—	—	
11	江苏	18224	—	15628	14130	17254	28353	—	4262	3859	8130	4262	—	—	2808	
12	海南	8980	8500	—	7000	9500	—	—	5000	5000	—	—	—	—	2500	
13	福建	11561	9738	16760	—	11345	—	—	—	—	—	—	—	—	—	
14	北京	—	—	—	—	—	—	—	—	—	—	—	—	—	—	
15	浙江	19378	19401	24926	15485	18801	22992	25633	—	—	—	—	—	—	—	
16	辽宁	10887	10887	—	10887	—	—	—	—	—	—	—	—	—	—	

续上表

序号	省份	高速公路每公里造价(万元/km)	高速公路			桥隧比			一级公路每公里造价(万元/公里)	一级公路		桥隧比			二级公路每公里造价(万元/km)	备注
			四车道	六车道	30%以下	30%~50%	50%~70%	70%以上		四车道	六车道	30%以下	30%~50%	50%以上		
17	天津	—	—	—	—	—	—	—	—	—	—	—	—	—	—	
18	广东	10682	8573	11736	—	—	—	—	4871	—	4871	—	—	—	—	
	东部地区平均每公里造价	12704							4419						2654	
19	宁夏	7956	7956	—	6273	11322	—	—	1811	1746	—	—	—	—	670	
20	内蒙古	5000	4294	—	5089	—	10965	14007	2800	2962	—	2962	—	—	650	
21	新疆	6000	—	—	—	13750	—	—	3400	3280	—	3280	—	—	660	
22	贵州	16800	10883	—	9391	—	15222	18054	—	—	—	—	—	—	—	
23	青海	14316	12795	—	—	—	11202	—	10274	10041	—	6838	10274	—	1613	
24	西藏	10041	—	—	—	—	15551	17542	10041	—	—	—	8907	17580	—	
25	重庆	12929	12384	17349	11883	16093	—	17397	—	—	—	—	—	—	—	
26	陕西	13188	12281	—	10147	—	—	14007	—	—	—	—	—	—	—	
27	广西	10888	10888	—	9172	13750	—	—	3305	—	—	—	—	—	987	
28	四川	14942	15666	14218	9407	14218	15222	18054	—	—	—	—	—	—	—	
29	甘肃	12247	12247	—	11105	13079	11202	—	—	—	—	—	—	—	—	
30	云南	15743	13278	18868	8833	13472	15551	17542	—	—	—	—	—	—	—	
	西部地区平均每公里造价	11671							5272						916	
	全国平均每公里造价	11478	10691	16561	9360	12787	16214	17876	4626	4064	5829	3837	9591	17580	1532	

参考文献

[1] 中华人民共和国交通部.公路工程基本建设项目概算预算编制办法:JTG 3830—2018[S].北京:人民交通出版社股份有限公司,2018.

[2] 中华人民共和国交通部.公路工程基本建设项目投资估算编制办法:JTG 3820—2018[S].北京:人民交通出版社股份有限公司,2018.

[3] 中华人民共和国交通部.公路工程预算定额:JTG/T 3832—2018[S].北京:人民交通出版社股份有限公司,2018.

[4] 中华人民共和国交通部.公路工程概算定额:JTG/T 3831—2018[S].北京:人民交通出版社股份有限公司,2018.

[5] 中华人民共和国交通部.公路工程估算定额:JTG/T 3821—2018[S].北京:人民交通出版社股份有限公司,2018.

[6] 中华人民共和国交通部.公路工程机械台班费用定额:JTG/T 3833—2018[S].北京:人民交通出版社股份有限公司,2018.

[7] 中华人民共和国交通部.公路工程建设项目造价文件管理导则:JTG/T 3810—2018[S].北京:人民交通出版社股份有限公司,2018.

[8] 中华人民共和国交通部.公路工程标准施工招标文件(2018年版)[M].北京:人民交通出版社股份有限公司,2018.

[9] 赵明微.路桥工程造价[M].北京:中国铁道出版社,2014.

[10] 周国藩.公路、铁路工程概预算编制简明手册[M].北京:机械工业出版社,2002.

[11] 高等学校土木工程学科专业指导委员会.高等学校土木工程本科指导性专业规范[M].北京:中国建筑工业出版社,2011.

[12] 交通运输部执业资格中心.公路工程造价的计价与控制[M].北京:人民交通出版社,2011.